색채와 푸드 스타일링

교 문 사

Color & Food Styling

김경미, 김경임, 유현석 지음

머리말

산업혁명 이후 먹거리의 풍부함과 생활의 풍요로 인해 사람들은 단지 의식주로서의 식(食)이 아닌 고급화된 문화로서의 식(食)을 원하게 되었다. 이에 따라 고급화된 음식문화를 선도하고 다양한 식재료나 요리를 기획, 연출하며, 각종 소품을 활용하여 시각적으로 먹음직스럽게 형상화된 음식 예술품을 만들어 낼 수 있는 푸드 스타일리스트뿐만 아니라 테이블 코디네이터, 푸드 컨설턴트, 파티플래너 등 다양한 직업군이 이러한 요구에 맞추어 속속 생겨나고 있다.

2005년에 발간한 『푸드 스타일링』이 기초를 다질 수 있는 이론과 실무를 전달하고자 하였다면, 이 책은 프로페셔널을 지향하는 이들을 위하여 체계적이면서도 한층 높은 수준의 전문지식과 실무를 색채학적인 관점에서 전달하는 데 초점을 두었다.

색은 본래 전문적인 미술분야에서 예술적 가치를 추구하는데 사용되지만, 오늘날에는 디자인이나 마케팅과 같은 상업적 분야에서 활발히 응용되고 있으며, 심리치료나 질병을 치료하는 의학적 영역까지 확대되고 있다. 색의 영향은 음식의 영역에서도 그 진가를 발휘하여 컬러푸드를 유행시키고 음식, 테이블클로스, 매트, 식기, 레스토랑의 인테리어색 등을 조절함으로써 식욕이나 매출을 증대시키는 등 또 하나의 이슈가 되고 있다.

이와 같이 색에 대한 중요성은 갈수록 증가되고 있지만 아직 색채와 푸드 스타일링에 대한 기초이론과 실무 적용법을 체계적으로 저술한 책이 없는 실정이다. 이에 저자들은 이러한 색에 대한 색채원리와 색채적용을 기초부터 이해하기 쉽게 설명하고, 식재료와 요리에 색채를 감성적으로 응용하여 다양한 아이디어를 창출해 내는데 초점을 맞추어 집필하였다. 따라서 색채원리와 각 예를 제시하고, 배색에 대한 실제를 푸드 스타일링 관점에서 상세히 해석함으로써 완벽한 이해를 도우고자 하였다.

저자들의 다양한 실무경험과 쌓은 지식 및 강의경력을 바탕으로 집필된 이 책이 전문 푸드코디네이터뿐만 아니라 조리 및 외식산업을 공부하는 모든 학생들에게 훌륭한 지침서가 되리라고 확신한다.

끝으로 책이 완성되기까지 많은 도움을 주신 푸드&스타일의 김덕환 팀장님, 유지현 선생님, 권나영 선생님 그리고 촬영을 맡아 주신 박홍순 실장님께 감사의 마음을 전한다. 또한, 이 책이 출간될 수 있도록 애써 주신 교문사 류제동 사장님을 비롯한 양계성 편집부장님, 김재원 영업부장님께도 진심으로 감사드린다.

2006년 2월

저자

차례 Contents

COLOR COMPREHENS

Part I 색채의 이해

색의 기초

색이란 빛이 물체에 비추어 반사, 분해, 투과, 굴절, 흡수될 때 망막과 시신경을 자극함으로써 감각된 현상으로 나타나는 것이다. 빛과 색은 궁극적으로는 같은 것으로, 색이란 단지 물체에 의해 반사된 빛이 우리의 시각을 통해 평가되는 것이다. 오감(五感)에 의해 들어오는 정보 중 시각에 의한 것이 약 90%일 정도로 빛과 색에 대한 반응은 결정적이다. 그러나 어떤 개인이 빛과 색에 대해 어떠한 반응을 나타낼지는 본인 이외의 다른 사람이 예측하기란 매우 어렵다. 그러므로 푸드스타일링을 할 때, 모든 사람에게 만족을 주기 위해서는 색에 대한 이해가 필요하다.

색의 종류

순색 Solid Color

특정한 색상의 색들 가운데 채도가 가장 높은 색이며, 무채색이 전혀 섞이지 않은 색이다. 3원색 중 2색만을 섞어서 만들어지는 색을 말하고, 원색도 포함한다. 2색의 비율에 따라 빨강, 주황, 노랑, 연두, 초록, 청록, 파랑, 남색, 보라, 자주 등의 색이 만들어지며, 순색은 '3원색'과 같이 그 수가 정해져 있지 않다.

순색

무채색 Achromatic Color

특정한 색파장을 느낄 수 없는 색이기 때문에 색이 아니라고 보는 경우가 있으나, 심리적인 관점에서 보면 무채색도 색으로 보는 것이 타당하다. 무채색인 하양과 검정이 혼합되면 다양한 톤의 회색이 전개된다. 색입체의 중앙에 있는 가상의 기둥은 무채색으로 이루어져 있다. 이 기둥의 가장 위는 하양, 가장 아래는 검정이며, 그 중간에는 하양과 검정을 섞어 만든 회색으로 이루어져 있다. 무채색은 검정, 회색, 하양과 같이 '색감'을 갖지 않는 색을 말한다. 즉, 무채색에서는 빨갛다 파랗다라는 색의 기미를 느낄 수 없다. 밝다 어둡다와 같은 명도만 있을 뿐이다.

무채색의 예

유채색 Chromatic Color

무채색이 아닌 모든 색을 유채색이라 한다. 즉, 조금이라도 색상이 있는 색을 말한다. 유채색은 명도 이외에도 색상과 채도라는 속성을 가진다.

유채색의 예

색의 속성

색을 구분하고 지각하는 요인은 세 가지로 나누어진다. 파랑 또는 노랑으로 구분되는 요인을 색상이라 하고, 밝은 색 또는 어두운 색으로 구분되는 것을 명도라고 한다. 그리고 진한 색 또는 연한 색으로 구분되는 것을 채도라고 한다. 세상의 모든 색은 색상, 명도, 채도의 속성을 가지고 있으며 이 세 가지를 색의 삼속성이라고 한다. 삼속성의 개념으로 볼 때 인간은 약 60만 가지 색을 구분할 수 있다고 한다.

> *색상(100) x 명도(200) x 채도(30)
> 색채학자 그라스만(Grassmann)이 처음 이 3속성 개념을 도입하였다.

색상 Hue

빨강, 파랑 등 명도나 채도와는 관계없이 어떤 빛깔을 띠고 있는지를 나타내는 것으로 이는 유채색만이 가지는 속성이다. 1차색은 빨강(R), 노랑(Y), 파랑(B)의 원색으로 색을 섞어 다른 여러 색을 만들 수 있다. 2차색은 녹색(G), 보라(P), 주황(RY)으로 1차색을 섞어 만든 것이고, 3차색은 1차색과 2차색을 혼합해 만든 연두(GY), 청록(BG), 남색(PB), 자주(RP)이다. 먼셀(Munsell)은 빛의 스펙트럼에서 분명하게 구별되는 색상인 빨강, 노랑, 초록, 파랑, 보라를 기본 색상으로 삼아 색체계를 만들었다. 참고로 한국산업규격에서는 먼셀표색계에 기본을 두고 10색상을 지정하고, 교육부에서는 20색상을 지정하고 있다.

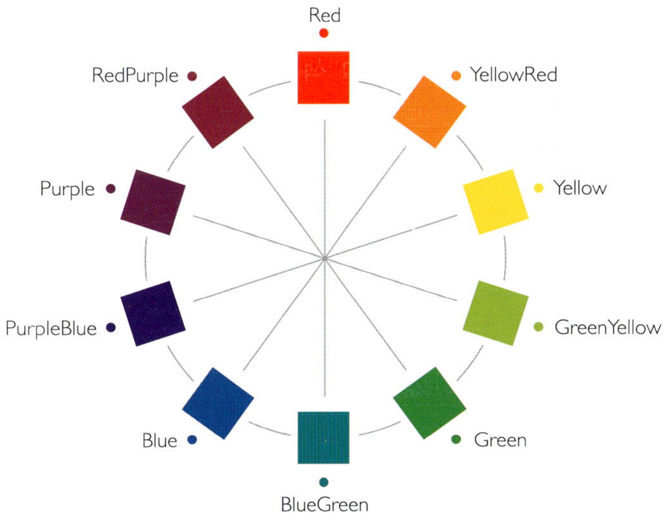

먼셀의 10색상환

명도 Value

색에서 느껴지는 밝고 어두움의 정도를 명도라고 한다. 가장 밝은 순색은 노랑으로 가장 높은 명도를 갖고 있으며, 다음은 주황이고 빨강과 초록은 비슷하다. 무채색의 경우 가장 명도가 높은 것이 하양, 낮은 것이 검정이다. 이 사이에 밝기가 다른 회색을 배열하면 명도단계가 표시된다. 무채색의 명도는 11단계로 구분하고, 이를 그레이 스케일(gray scale)이라고 하며 이것을 기준으로 명도가 판정된다.

밝기	고명도			중명도				저명도			
명도번호	10	9	8	7	6	5	4	3	2	1	0
무채색											

그레이 스케일

채도 Chroma

색의 순도(純度), 선명도, 즉 색의 강하고 약한 정도를 말한다. 채도가 높은 색일수록 그 색상이 잘 나타난다. 동일색상 중에서도 가장 채도가 높은 색을 그 색상의 순색이라 하며, 선명치 못하고 탁한, 즉 채도가 가장 낮은 색을 탁색이라고 한다. 여러 색을 섞으면 섞은 만큼 채도는 낮아지며 여러 색상을 많이 혼합할수록 그 색채는 무채색으로 변한다. 무채색에는 채도가 없으며 가장 낮은 단계의 채도를 1, 가장 높은 단계를 16으로 한다.

단계	1	2	3	4	5	6	7	8	9	10	11	12	13	14	15	16
5R 4																

채도단계

색체계

색의 삼속성을 기본으로 하여 색의 사용과 관리에 유용한 색체계들이 만들어졌으며 대표적인 것이 먼셀의 색체계(Munsell color system)이다. 이를 바탕으로 색상과 색조의 개념으로 개발된 색체계가 바로 색상·색조(Hue & Tone) 120 색체계이다. 색조란 명도와 채도를 합쳐 색감을 표현한 것으로 색상과 색조로 색을 표현할 때는 그 색을 쉽게 연상할 수 있다는 장점이 있다.

표색계

색을 표시하는 체계를 표색계라 한다. 주로 먼셀(Munsell) 표색계, 오스트발트(Ostwald) 표색계, CIE(국제조명위원회) 표색계 등이 있는데, 가장 많이 사용하는 것이 먼셀 표색계이다. 먼셀 표색계는 사람의 시감에 가장 가까운 색체계로서, 색채의 세 가지 속성인 색상(hue), 명도(value), 채도(chroma)로 색채를 분류 표시하는 방법이다. 먼셀 표색계의 색을 표시하는 데는 H V/C(색상, 명도/채도)의 기호를 쓰도록 되어 있다. 빨강의 순색은 5R 4/14로서 5R 4의 14로 읽는다. 5R은 빨강의 색상 이름을 나타내고 4는 빨강의 명도, 14는 빨강의 채도를 의미한다. 무채색은 NV로 나타낸다. V4는 명도 4의 회색이다.

먼셀 색체계의 구조

1905년 색지각의 3속성(색상, 명도, 채도)을 인간의 시감에 따라 배치한 색체계로, 색채의 전달과 교육을 목적으로 제작하였다. 미국조명위원회와 미국광학회의 연구, 검토, 수정을 거쳐 현재 1943년 발표된 수정 먼셀 색체계로 확립되었으며, 현재 국제표준 표색계(ISO)로 등록되어 많이 사용되고 있다. 먼셀 색체계는 한국산업규격(KS), 미국표준협회(ASA), 일본공업규격(JIS) 등 가장 많은 나라의 국가표준 색체계로 사용되고 있다. 한국산업규격에서는 먼셀의 색상환을 기본으로 하여 40색상환을 사용한다.

색상 (hue)

빨강(red, R), 노랑(yellow, Y,), 초록(green, G), 파랑(blue, B), 보라(purple, P)의 5가지와 각각의 중간색인 주황(YR), 연두(GY), 청록(BG), 남색(PB), 자주(RP)를 포함하여 10색상이 기본색이다.

명도 (value)

이상적인 검정을 0, 이상적인 백색을 10으로 하고 그 사이 밝기와 감각차를 시각적으로 등간격이 되도록 나눈다.

채도 (chroma)

회색을 띠고 있는 정도를 말한다. 무채색을 0으로 하여 색상의 가장 순수한 채도값이 최대가 된다.

표기 방법

색상 명도/채도 = H V/C

먼셀의 색상, 명도, 채도

오스트발트 색체계

혼색계 표색계로 1919년 발표되었다. 이상적인 하양, 검정, 순색의 3가지 완전색을 회전혼색판에 의한 혼색의 비율로 색을 표현한다. 독일의 공업규격인 DIN 색채규정의 바탕이 된다.

색상

색상의 주파장 중 가장 순도가 높은 색을 그 주파장의 완전색이라 한다. 노랑, 파랑, 빨강, 초록에 사이의 색상인 주황, 청록, 보라, 연두를 더해 8가지 색상을 3등분한 24색상을 기본으로 한다. 현재는 1942년 CHM에서 6가지 색상을 추가하여 30색상을 사용한다.

순색과 톤

같은 색상에서 하양+검정+순색=100%이다. 하양의 양과 검정의 양은 a, c, e, g, i, l, n, p로 정해지며 이 양에 따라 순색의 양이 정해진다.

표기 방법

색상번호, 하양의 양, 검정의 양의 순서로 표기된다.

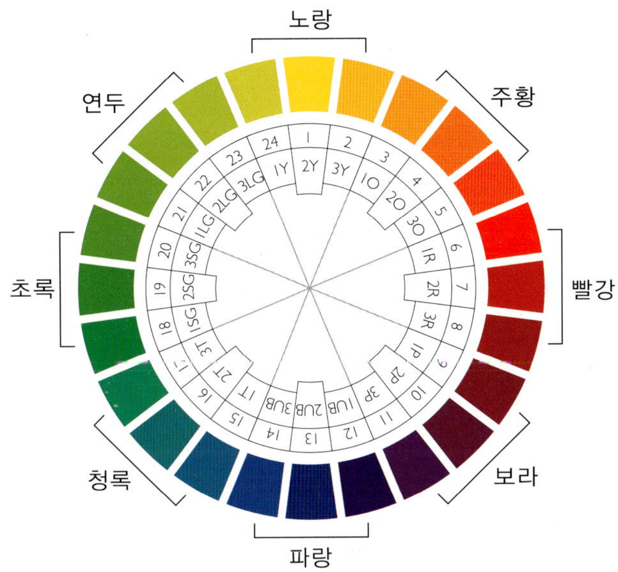

오스트발트의 색상환

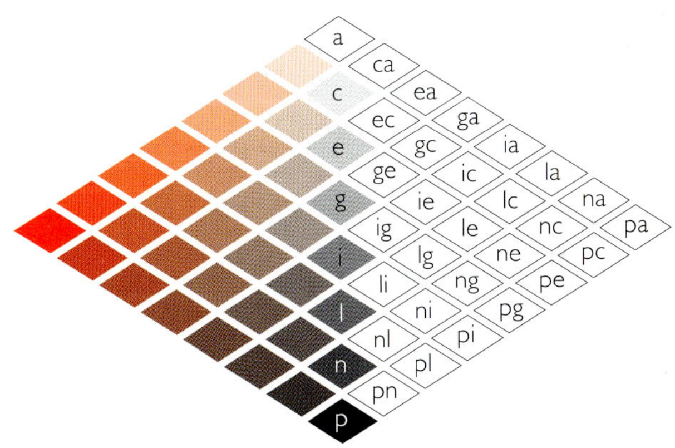

기 호	a	c	e	g	i	l	n	p
흰색의 양	89	56	35	22	14	8.9	5.6	3.5
검정의 양	11	44	65	78	86	91.1	94.4	96.5

오스트발트 기호와 혼합비 표

색상 · 색조 120체계

색상 · 색조 체계에서는 색을 색상(hue)과 색조(tone) 두 카테고리로 나눈다. 색상은 빨강, 노랑, 파랑, 하양, 회색, 검정 등을 말하며, 색조는 채도와 명도를 하나로 합친 개념으로 색의 강하고 약함이나 어둡고 밝은 정도를 말한다. 이 체계는 사람들이 하나의 색을 볼 때 느끼는 인상에 공통점이 있다는 점에 착안하여 만들어진 기준이다.

예를 들어 3원색인 빨강, 노랑, 파랑을 보면 대부분의 사람들은 '선명한', '강렬한' 등의 형용사를 떠올리게 되고 하양이 많이 들어간 파스텔색을 보면 많은 사람들이 '연하다', '부드럽다' 라고 설명한다. 이처럼 색상은 달라도 같은 형용사로 표현할 수 있다는 하나의 색조영역으로 분류한 것을 말한다. 색상 · 색조 120 색체계는 10가지 색상의 11단계 톤으로 구성된 110개의 유채색과 명도에 따라 10단계로 나눈 10개의 무채색으로 모두 120색을 말한다.

색상 Hue			색조 Tone		
R-Red	**YR**-Yellow Red	**Y**-Yellow	**V**-Vivid	**S**-Strong	**B**-Bright
GY-Green Yellow	**G**-Green	**BG**-Blue Green	**P**-Pale	**VP**-Very Pale	**Lgr**-Light Grayish
B-Blue	**PB**-Purple Blue	**P**-Purple	**L**-Light	**Gr**-Grayish	**Dl**-Dull
RP-Red Purple			**Dp**-Deep	**Dk**-Dark	

색체계에 사용되는 약자

색상

빨강 Red

색 가운데 시각적 반응을 가장 먼저 느낄 수 있는 색이다. 강렬하고 선동적 이미지의 컬러인 빨강은 때로는 화려한 사람들의 장식품으로 때로는 혁명을 꿈꾸는 사람들의 깃발로 그 모습을 드러낸다. 어느 색과 배색하여도 분명한 자기 색을 드러내는 특징 때문에 강조와 부각의 힘을 가지고 있다. 또한 빨강은 식욕을 자극하는 색이다. 토마토, 딸기, 수박, 앵두 등 입맛을 자극하는 과일류나 잘 숙성된 쇠고기도 붉은색이며, 맛있는 스파게티처럼 음식 중에 유난히 빨강이 많은 것은 이런 이유 때문이다. 그래서 패스트푸드 레스토랑을 비롯한 많은 음식점에서는 고객의 식욕을 자극하기 위해 인테리어 컬러로 즐겨 이용한다. 또한 사람들은 열정적인 사랑을 표현할 때에도 빨강을 흔히 사용한다.

빨강의 연상 이미지

정열, 축제, 사랑, 성욕, 따뜻함, 안전, 흥분, 긴장, 적극, 꽃, 전쟁, 분노, 광기, 피, 희생, 악마, 반항, 죽음, 권력

주황 Yellow Red

빨강이 강렬하고 뜨거운 이미지라면 주황은 따뜻하고 즐거운 이미지를 표현한다. 시각적으로 활력, 만족, 적극 등을 상징하며 에너지를 발산하는 활력소도 가지고 있다. 오렌지로 대표되는 주황은 우리의 침샘을 자극하는 힘을 가지고 있는 컬러로, 식욕을 돋우어 주는 색들은 대부분 자연계에서 흔히 볼 수 있어 우리는 늘 주황을 접하고 있다. 노을, 흙, 꽃, 산호 등의 주황은 자연의 느낌을 전해주는 색이며 망고, 살구, 당근 등의 식품에서는 선명한 주황을 느낄 수 있다. 이렇듯 탁한 색조의 주황은 따뜻하고 풍요로운 대지의 느낌인 반면 선명한 색조의 주황은 다분히 미래지향적인 느낌을 갖게 한다. 너무 많이 사용하면 거부감이나 싸구려 같은 느낌을 줄 수 있으며, 무채색인 회색과 함께 사용하면 화사한 느낌을 한층 더할 수 있다.

주황의 연상 이미지

열정, 밝음, 활기, 강렬함, 친근함, 건강, 신선함, 적극, 에너지, 욕망, 성, 경박함, 젊음, 대담

노랑 Yellow

생동감과 명랑한 느낌을 주는 색상으로 따뜻한 아침 햇살, 태양, 해바라기, 황금, 병아리 등의 단어를 떠올리게 한다. 밝고 가벼운 이미지의 컬러를 선택하라면 많은 사람들이 이 색을 선택한다. 어리고 유치한 컬러로 치부되거나 값싸고 믿음직하지 못한 이미지를 주기도 하지만 사람들에게 밝고 건강한 이미지를 주는 것은 노랑의 매력이다. 그러나 이 색은 배색하기 어려워 배색할 때는 색상과 색조의 선택이 중요하다. 노랑은 회색과 배색되는 것이 가장 세련된 이미지를 준다. 레몬, 자몽과 같이 햇빛이 강한 지역에서 잘 자라는 감귤류처럼 노랑을 보면 봄날의 햇살 같은 에너지가 느껴진다. 또한 노랑은 밝고 산뜻하여 강조를 위한 색으로 사용하는 게 좋다. 밝은 색조의 파스텔색과 함께 환하고 캐주얼한 공간을 연출하는 데 적당하다.

노랑의 연상 이미지
아동, 여린, 햇살, 활력, 소망, 새로운, 밝은, 맑은, 비겁함, 집중, 경고, 경박함, 불신, 질투, 항쟁, 이별, 아픔

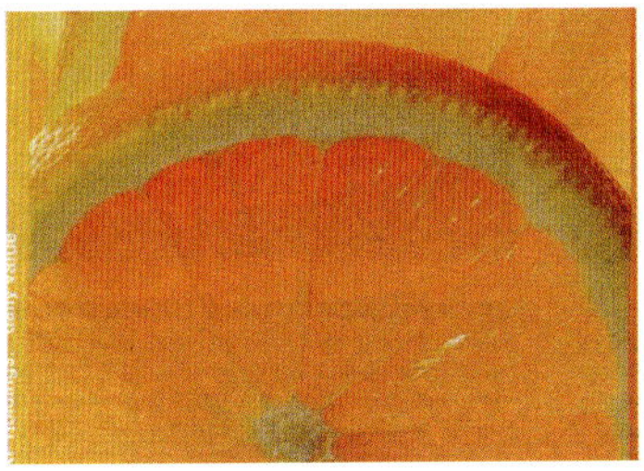

연두 Green Yellow

성숙한 자연의 컬러를 초록이 대변한다면 연두는 이제 막 세상에 등장한 여리고 맑은 자연의 색상이다. 산뜻하고 또렷한 이미지의 배색에 포인트를 주는 컬러로 많이 이용된다. 자연의 신선함, 어린 식물들을 표현하기에도 적합하지만 그런 이미지를 차용하여, 아직 세상에 적응하지 못한 젊은이, 미숙함, 어린이들을 대상으로 하는 디자인에 많이 적용되기도 한다.

연두의 연상 이미지
순진, 청순, 평온, 평화, 생동, 초원(잔디), 새싹, 봄, 나뭇잎

초록 Green

자연을 닮은 생명력 있는 색상으로 평온하고 신선하며 자연스러운 느낌을 준다. 사람의 눈에 가장 편안한 색으로 마음의 긴장을 풀어주고 진정시키는 등 병을 치료하는 효과도 있다. 이러한 이유 때문에 병원에서 많이 사용하며, 안전과 진행 및 구급, 구호의 의미가 있다. 또 자연과 식물을 상징하는 색으로 환경 및 성장, 번영 등의 이미지를 연상할 수 있다. 초록에 다른 색상을 더하면 여러 가지 느낌을 줄 수 있다. 파랑을 더하면 차분해지는 반면 노랑을 더하면 좀 더 자극적인 느낌의 색이 되며, 진한 무채색을 더하면 좀 더 자연스럽고 신뢰감 있는 이미지가 된다. 신선하고 건강한 색으로 갓 따온 야채를 보면 느껴지는 싱싱함이 바로 초록의 이미지이다.

초록의 연상 이미지
자연, 편안함, 안정, 신선, 생명, 진화, 신뢰, 안전, 성장, 번영, 친근함, 농촌, 약속, 전진, 재충전

청록 Blue Green

초록에 깊이감을 더한 청록은 깊고 아득한 바다의 색이다. 이 색이 우리에게 익숙하게 느껴지는 것은 늦여름 녹음이 우거진 가로수길, 짙은 나뭇잎이 가득한 숲속의 색상으로 우리에게 다가오기 때문이다. 의복이나 제품의 색으로 많이 이용되지 않으며 주위 물건에서 쉽게 볼 수 있는 색도 아니다.

청록의 연상 이미지
상쾌, 안정, 청순, 순진, 상쾌, 냉정, 바다, 숲, 잔디

파랑 Blue

차분하고 상쾌한 느낌의 파랑은 세계 어디에서나 사람들이 가장 좋아하는 색으로 손꼽힌다. 이지적이며 맑은 느낌을 주어서 사람들의 마음을 사로잡으며 어느 색상과도 잘 어울리는 특성이 있다. 차분하고 신뢰감을 주며 미래, 성장의 의미를 가지고 있기 때문에 기업의 CI 색상으로 많이 사용된다. 파랑은 초록과 함께 자연을 상징하는 색이기는 하지만 실제로 자연계에서 파랑을 자주 볼 수 있는 것은 아니다. 물론 바다, 하늘 그리고 제비꽃과 물망초도 파랑이지만 노랑이나 빨강에 비하면 그 차지하는 정도가 훨씬 적다. 게다가 먹는 음식 중에서 파랑을 가진 식품은 거의 없다고 해도 과언이 아니다. 그래서인지 파랑은 식욕을 떨어뜨리는 힘을 가지고 있다.

파랑의 연상 이미지
깨끗함, 젊은, 미래, 모험, 천국, 안전, 진보, 비즈니스, 편안함, 정적인, 신뢰, 명예, 상쾌함, 차분함, 바다, 하늘, 창공, 세련, 보석, 성공, 꿈, 자주, 자립, 수심, 비애, 우울함, 미숙함

남색 Purple Blue

푸르고도 푸른색 남색은 아주 차갑고 거리감을 주는 색상이다. 딱딱하고 고상한 중년의 이미지를 나타내며, 무겁거나 깊이 있는 느낌을 표현할 때 자주 사용한다. 남색은 인공적으로 만들어진 제품 등에서 자주 볼 수 있는 색으로 색 자체가 신뢰감과 세련된 느낌을 표현하기 때문에 인공적으로 만들어진 제품 디자인에 많이 사용된다.

남색의 연상 이미지
공포(불안), 냉정, 침울, 고독, 시원, 무거움, 깊은 바다

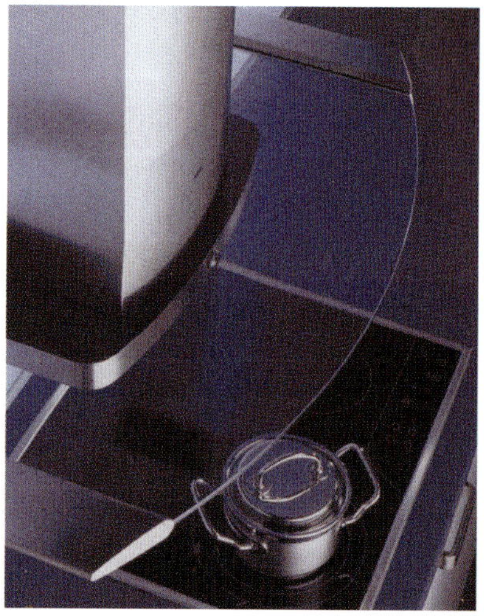

보라 Purple

고귀함과 권력의 상징으로, 난색인 빨강과 한색인 파랑을 섞은 색이다. 따라서 빨강의 강인함과 파랑의 불안함을 동시에 내포하는 양면성을 가진 신비롭고 절묘한 색으로 알려져 있다. 사람에 따라 극단적인 선호도를 보여주는 보라는 특이함, 예술가의 색으로 여겨지며 쉽게 다가서지 못하게 하는 도도함과 타락의 이미지를 동시에 지니고 있다. 보라는 스스로 고고한 컬러로 배색을 할 때에 어려움이 있지만 독특한 이미지를 만들어 낼 때 사용할 수 있는 특별한 색이다.

보라의 연상 이미지

신비, 고급, 변화, 귀함, 야함, 강압, 불안, 인공, 우울, 피로, 슬픔, 보석, 멍
싫증, 고귀, 추함, 공포(불안), 고독, 화려, 포도, 가지, 귀부인, 병자,

자주 Red Purple

여성적인 색의 대표격인 자주는 그 쓰임 역시 여성을 타깃으로 한 제품이나 서비스에 주로 이용된다. 의상, 여성을 위한 뷰티 서비스, 헤어핀, 모자 등 화려하고 우아한 이미지를 표현하기도 하며, 감성적이고 소녀 취향의 표현에도 자주 등장하는 색상이다. 불균형의 느낌을 주는 배색에 이용하면 모호하면서도 독특한 이미지를 표현할 수 있다.

자주의 연상 이미지
사랑(애정), 화려, 흥분, 추함, 아름다움, 불안, 슬픔, 입술연지, 꽃잎

하양 White

색이 없는 무색이라고 표현되기도 하나 실제로는 모든 색의 혼합이라고 볼 수 있다. 순결하고 순수하며 청순한 이미지를 지니고 있으며, 화려하고 경쾌하며 밝고 고상해 보인다. 신성하며 축복받는 새 출발을 의미하기도 하며 청결한 이미지를 필요로 하는 병원과 결혼식 등에 많이 사용된다. 기본색이며 또한 강조색으로서 모든 색과 잘 어울려 배색이 쉽다. 강한 대비를 주는 색상들 사이에서 그들의 관계를 완화시키기도 하고 서로의 색을 더욱 돋보이게도 하는 조화로움을 지닌 색이다. 그러나 하양은 경쾌해 보이지만 능률을 떨어뜨리기도 하여 오랫동안 있어야 하는 실내의 색으로는 적당치 않다.

하양의 연상 이미지
우아함, 순결, 청초, 결백, 순수, 천진, 자각, 고상, 보수, 결혼, 병원, 겨울, 물, 공간, 시작, 수녀, 진실

검정 Black

하양과 반대로 아무런 색파장도 반사하지 않는 색으로 영원과 신비, 절망과 죽음, 어둡고 우울함 등 가장 공포감을 준다. 하양이 공허함과 단순한 이미지를 준다면, 검정은 모든 빛을 흡수하기 때문에 복합적이고 깊은 느낌을 준다. 검정이 유채색들 사이에 사용되면 다른 색들을 더 선명하게 보이도록 하는 효과가 있다. 특히 원색들과 배치하면 대비효과가 있기 때문에 강한 인상을 남긴다. 현대 패션에서는 고급스럽고 강렬한 느낌을 주어 기초색과 강조색으로 우아함과 세련됨, 섹시함을 동시에 연상시킨다.

검정의 연상 이미지
공포, 죽음, 분노, 엄숙, 지옥, 위험, 금기, 신비, 마술, 우아, 세련, 미스터리, 어둠, 섹시, 엄격, 모던, 아프리카, 긴장, 어둠, 반항, 고뇌

회색 Gray

다른 순색들처럼 큰 특징은 없지만 시각적으로 자극이 없는 색이다. 또 어떤 색과 함께 사용하더라도 배색이 가능하고, 다른 색을 돋보이게 한다. 화려함과 아름다움을 감추며 사람들의 마음을 넉넉하게 해주는 색상으로서 편안함을 주는 가장 대중적인 색이다. 그러나 그늘진 느낌의 슬픈 이미지의 색으로서 공포를 반영하며 노년과 죽음의 임박을 의미하기도 한다. 오랜 세월이 흐른 듯한 시간의 무상함을 느끼게 하는 깊고 세련된 운치를 자아내기도 하고, 누구에게나 무난하게 어울리기 때문에 의복과 메이크업에 많이 활용된다. 회색은 특히 파란색, 붉은 색과 잘 어울리며 강렬한 색들과 어울려 완벽한 배경색이 될 수 있다. 그러나 여백의 아름다움이나 단정한 색채 배치 등 배색에 많은 신경을 써야 하는 색이다.

회색의 연상 이미지
부드러움, 안정감, 세련됨, 위엄, 절망, 공포, 모던, 평범, 무자극, 도시, 여유

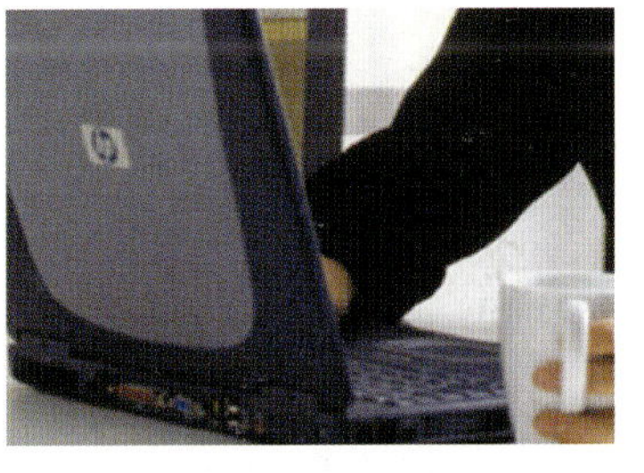
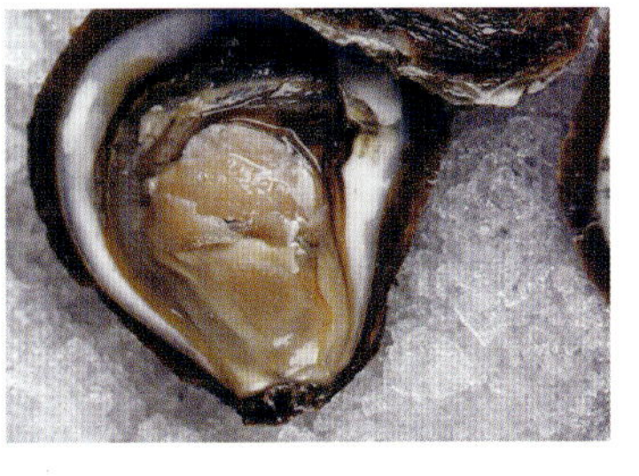

색조

색상의 변화처럼 직관적이면서 명도와 채도의 변화 정도를 쉽게 이해할 수 있는 기준이 색조(tone)라는 것이다. 채도와 명도의 변화를 이해한다면 색조는 쉽게 이해할 수 있을 것이다.

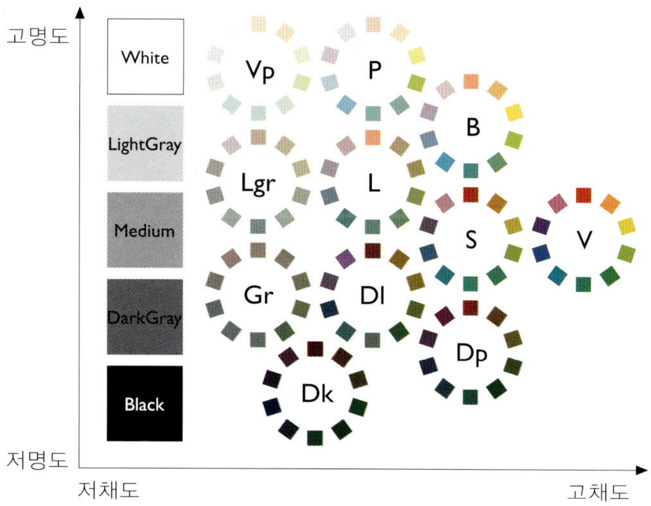

색조 스케일

Vivid (V)

선명한 : 무채색이 전혀 섞이지 않은 순색 앞에 붙는 수식어

선명하며, 강력하고 생생한 이미지로 스포티한 느낌을 나타내기 쉽다. 화려한 색끼리 조합시키면 대비감이 강하고 자극을 주어 충동을 느끼게 하며, 주의를 끌기 쉬워 강조색으로서 효과가 있다.

Vivid 색조의 예

Strong (S)

강한(진한) : Vivid보다 검정이 약간 섞인 색

충실, 튼튼하며 실용적인 이미지를 불러일으키는 색이다. 같은 화려한 색이라도 Vivid 톤보다 탁하며 질감이 유지되므로 건축물이나 기계, 교량 등에 이용되어 튼튼한 이미지를 나타낸다.

Strong 색조의 예

Bright (B)

밝은 : Vivid보다 하양이 약간 섞인 색

밝은 화려함을 갖는다. 보석의 빛을 닮은 색조로 어린아이와 같은 순진 무구함과 행복감, 건장함이 넘치는 색조이다.

Bright 색조의 예

Pale (P)

맑은 : Bright보다 하양이 더 섞인 색 (색상이 Very pale 보다는 알아보기 쉽다.)

파스텔조의 대표로 소녀 취향적이고, 동화적이며 로맨틱한 이미지이다.

Pale 색조의 예

Very pale (Vp)

연한 : Pale보다 하양이 더 많이 섞인 색
(색을 알아보기 힘들 정도로 하양의 비중이 크다.)

가장 부드러운 색조이며, 환상적으로 깨끗한 이미지를 갖는다. 달콤하고 감미로운 이미지를 지님으로써 아이스크림, 솜사탕, 과자와 같은 기호품의 맛을 돋우어주는 역할을 한다.

Very pale 색조의 예

Light (L)

은은한 : 밝은 회색이 약간 섞인 색

자연의 소재에서 흔히 발견되는 색이므로 편안하고 친근감이 있다. 차분한 톤은 또한 순색이 지닌 강렬함이 중화되어 있기 때문에 수수하고, 소박하며 안정감 있는 이미지를 갖는다.

Light 색조의 예

Light grayish (Lgr)

흐릿한 : 밝은 회색의 비중이 높아서 Light보다 무채색에 가까운 색

회색조의 톤은 온화하여 한국인의 취향에 맞는 색조이다. 눈에 띄거나 두드러지기 힘들지만 질감의 섬세한 느낌이나 조명의 음영에 의한 효과 등의 분위기를 내기 쉽다. 따뜻하고 온화한 이미지를 지닌다.

Light grayish 색조의 예

Grayish (Gr)

탁한 : 중간 어둡기의 회색이 Dull보다 많이 섞인 색으로 Dull보다 무채색에 가까운 색

온화하며, 평온함이 있는 이미지 표현으로 주택이나 빌딩 건축에 많이 사용된다.

Grayish 색조의 예

Dull (Dl)

차분한 : 중간 어둡기의 회색이 적당히 섞인 색

실내의 배경색, 일상적인 용품, 편안함이 요구되는 환경 등에 사용되면 친근한 느낌을 줄 수 있다.

Dull 색조의 예

Deep (Dp)

진한 : 검정이 Strong보다는 많이 섞였지만 그렇게 어둡지는 않은 색

짙은 색으로 원숙하고 깊이 있는 멋진 영국 취향의 이미지가 있다.

Deep 색조의 예

Dark (Dk)

어두운 : 검정 혹은 어두운 회색의 비중이 커서 색상이 많이 느껴지지 않는 색

튼튼하고 정리된 이미지로 고전적이며 중후한 클래식 이미지로 고딕 양식 등은 이 색조가 대표적이며 검정에 가까운 색조로 엄숙하고 의식적인 이미지를 갖는다.

Dark 색조의 예

이미지 스케일

귀여운

Pretty

노란색 비옷을 입고 뛰어가는 아이들의 모습은 명랑하고 사랑스러운 이미지이다. 명랑하고 아기자기한 분위기를 표현할 때는 노랑, 빨강, 연두와 같이 밝고 선명한 색조의 색을 사용하는 것이 좋다. 여기에 다양한 강조색을 사용하면 통통 튀는 발랄하고 귀여운 이미지를 얻을 수 있다. 귀여운 이미지의 배색은 유아, 아동을 대상으로 하는 경우에 많이 사용된다.

관련 이미지

사랑스러운, 아기자기한, 달콤한, 재미있는, 쾌활한

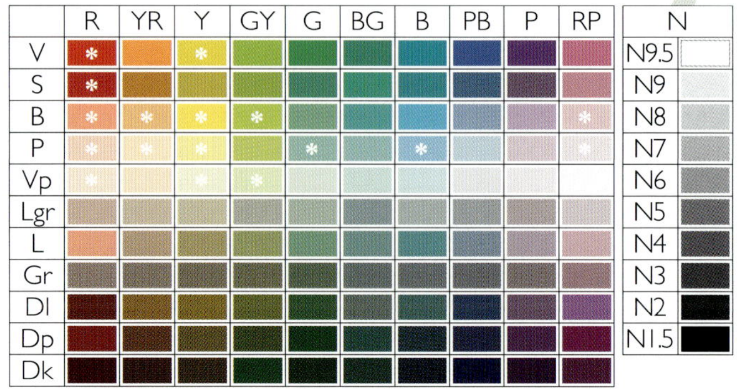

색상·색조 분포

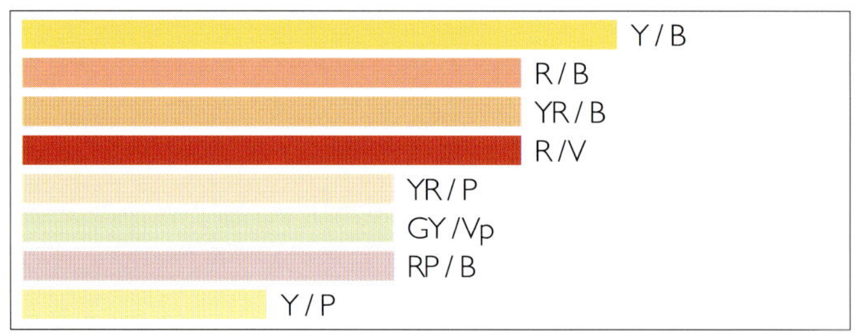

컬러 출현율

Harmony Point

빨강색, 주황색, 노랑색, 연두색 같은 따뜻하고 밝은 색상의 난색 계열에 무채색이 섞이지 않은 Vivid, Bright, Pale 톤을 사용하면 전형적인 느낌의 귀여운 이미지가 된다. 밝고 부드러운 색에 반대색상을 한두 개 넣으면 귀여움의 폭이 넓어지는데 분홍과 보라를 사용하면 달콤함이 섞인 느낌이 되고, 초록과 파랑을 사용하면 리듬감이 추가되며 주의를 집중하는 효과도 얻을 수 있다.

Cheerful

	R	YR	Y	GY	G	BG	B	PB	P	RP
V	*	*	*	*	*					
S	*	*								
B	*	*	*	*	*	*	*	*		*
P		*	*				*			
Vp			*	*						
Lgr										
L			*		*					
Gr										
Dl		*								
Dp	*	*			*			*		
Dk							*			

N	
N9.5	
N9	
N8	*
N7	
N6	
N5	
N4	
N3	
N2	
N1.5	

색상·색조 분포

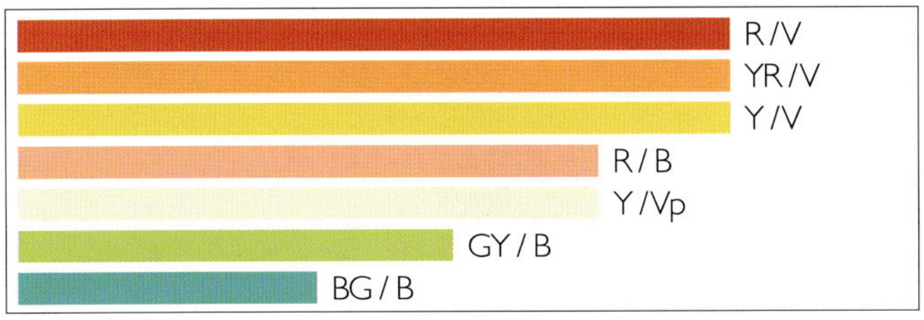

컬러 출현율

경쾌한

선명한 컬러의 소형차, 여학생의 체크무늬 스커트, 친한 친구와 마구 떠들 때의 기분 등 개방적이고 명랑한 분위기에서 우리는 경쾌한 이미지를 떠올리게 된다. 경쾌한 이미지는 젊음과 활달한 분위기를 나타내므로 산뜻한 느낌의 노란색이나 개구쟁이 같은 연두, 주황을 사용하면 경쾌한 이미지를 느끼게 된다. 따라서 밝으면서도 산뜻한 색을 이용하고, 색상의 변화를 주어 배색하면 경쾌한 이미지를 얻을 수 있다. 10대들을 대상으로 하는 팬시 상품이나 집안의 악센트로 활기를 불어넣어주는 인테리어 소품 등에서 많이 볼 수 있는 배색이다.

관련 이미지
쾌활한, 젊은 유쾌한, 발랄한

Harmony Point

색감이 강하게 느껴지는 선명한 톤의 빨강, 주황, 노랑, 파랑을 주로 사용한다. Vivid나 Bright 톤으로 색상의 변화를 주어 사용하면 쉽게 경쾌한 이미지를 만들 수 있다. '경쾌한'이라는 형용사는 '캐주얼', '다이내믹' 이미지와 어느 정도 연관성이 있지만 두 이미지에 비해 색감이 가볍고 연하기 때문에 따뜻하고 귀여운 인상이다.

캐주얼

Casual

개성적이면서 자유로운 젊은이의 옷차림, 민첩하고 액티브한 스키웨어에서 캐주얼한 이미지를 떠올린다. 캐주얼한 이미지는 이렇듯 격식에 얽매이지 않은 편안함과 건강함, 자유로움을 표현한다. 산뜻하고 화사한 색으로 이루어진 배색에서는 유쾌함과 건강함을 느낄 수 있고, 선명한 색에 톤의 차이를 크게 하여 배색하면 활기찬 리듬감을 느낄 수 있다.

관련 이미지

명랑한, 활동적인, 자유로운, 선명한, 스포티한, 개성적인

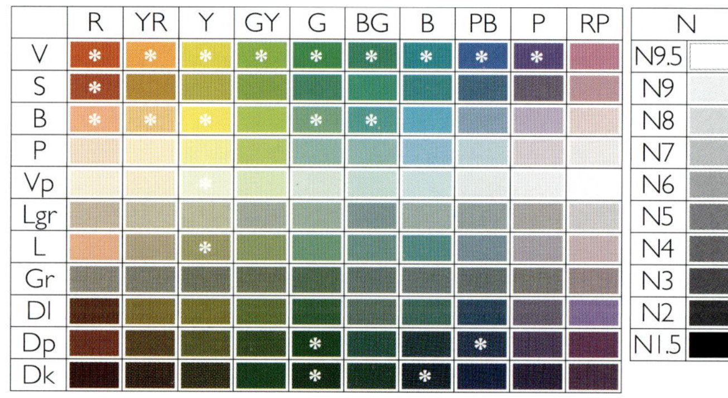

색상·색조 분포

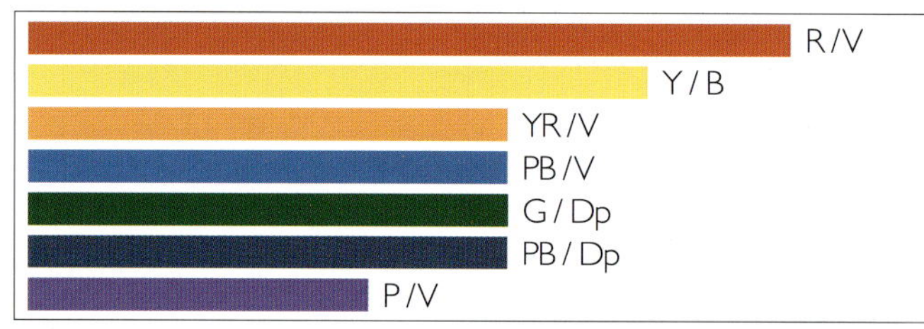

컬러 출현율

Harmony Point

주로 사용되는 색은 빨강, 주황, 노랑, 초록 등이다. 색상에 있어서는 경쾌한 이미지의 색들과 비슷하지만 색조는 Bright 톤보다는 Vivid 톤을 사용하기 때문에 보다 선명하고 어두운 느낌이다. 연두-노랑-주황의 배색처럼 유사한 색상끼리 조합하면 부담 없는 따뜻한 느낌이 되며, 남색-노랑-빨강의 배색처럼 반대색상끼리 조합하면 활동적인 느낌을 준다.

Dynamic

	R	YR	Y	GY	G	BG	B	PB	P	RP
V	*	*	*			*				
S		*								
B	*		*							
P										
Vp			*							
Lgr				*						
L		*	*							
Gr										
Dl										
Dp	*				*	*		*	*	
Dk	*				*	*	*			*

N	
N9.5	
N9	
N8	*
N7	
N6	
N5	
N4	
N3	
N2	
N1.5	*

색상·색조 분포

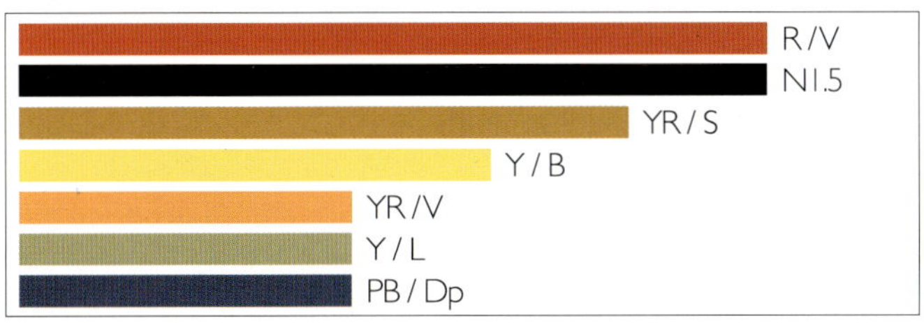

컬러 출현율

다이내믹

다이내믹한 이미지는 용수철처럼 튕겨 오를 것 같은 힘, 용광로 안에 타오르는 쇳물의 이미지처럼 강렬한 에너지를 연상시킨다. 대담함, 강렬함, 역동성, 액티브함, 강한 에너지 등을 강조한 이미지로서 거친 운동을 하고 있는 선수들에게서 느껴지는 열기, 강한 콘트라스트(contrast)로 강렬한 인상을 주는 게임 용품 등에서 다이내믹한 이미지를 느낄 수 있다.

관련 이미지

동적인, 액티브한, 기운찬, 강한, 와일드한

Harmony Point

주로 사용되는 색상은 빨강, 주황, 노랑, 검정이다. 역동적인 느낌을 주는 빨강 같은 검정을 적절히 사용하면 강렬한 이미지를 얻을 수 있다. Deep이나 Dark 같은 어두운 톤을 사용하면 더욱 강한 힘이 느껴진다.

모던

Modern

현대적 · 근대적이라는 의미로서 도회적인 감성과 미래 첨단의 분위기, 진취적이고 개성적이며 선진적인 감각의 이미지를 추구하는 것을 말한다. 정감이 느껴지는 따뜻한 색보다는 차갑고 딱딱한(hard) 느낌의 색을 사용한 배색으로 이루어진다. 몬드리안의 그림처럼 검정과 하양, 선명한 빨강과 파랑의 대비로 도회적인 느낌의 배색을 만들 수도 있다.

관련 이미지
진보적인, 도시적인, 현대적인, 하이테크한

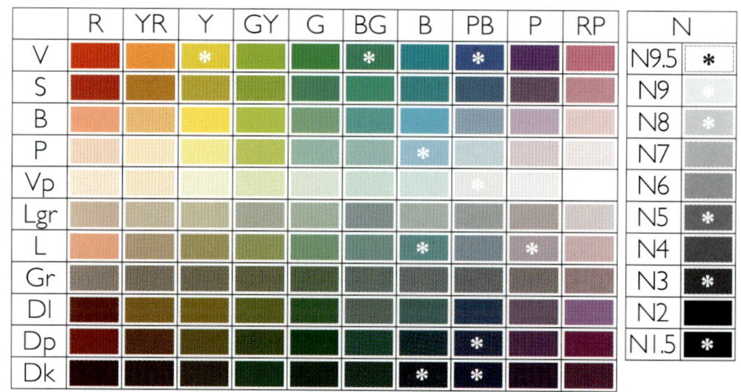

색상·색조 분포

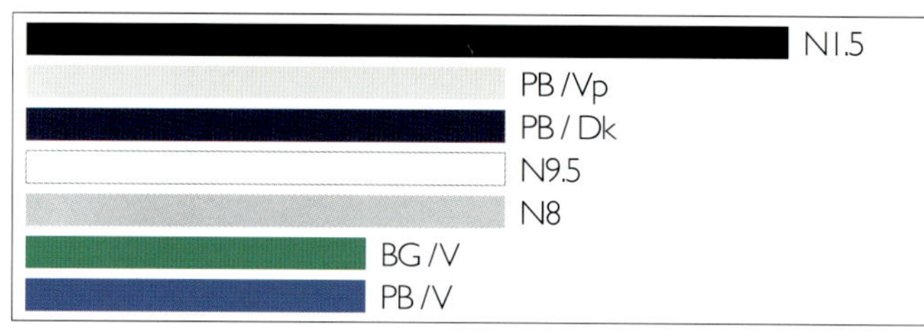

컬러 출현율

Harmony Point

모던한 이미지를 만드는 색은 무채색과 청록, 파랑이다. 주로 밝은 톤이나 차분한 톤은 피하는 것이 좋다. 무채색을 주조로 하는 배색은 도시적인 이미지가 강하며, 청록, 파랑을 주로 하는 배색은 하이테크한 이미지가 강하다. 색과 색 사이에 하양이나 검정을 사용하면 맑고 선명한 모던 이미지가 되며, 비슷한 톤끼리 배색하면 수수하고 탁한 모던 이미지가 된다.

Pure

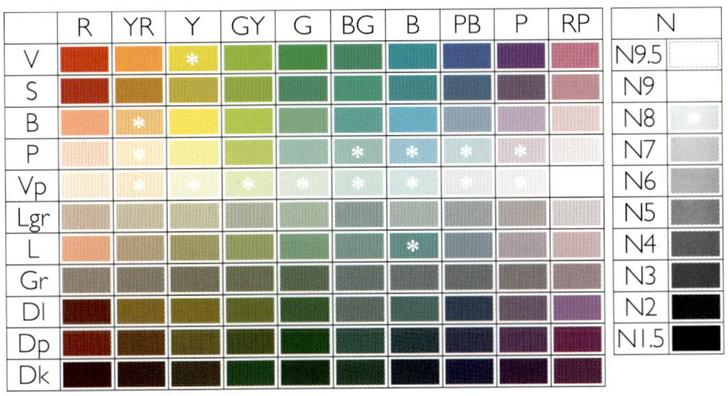

색상·색조 분포

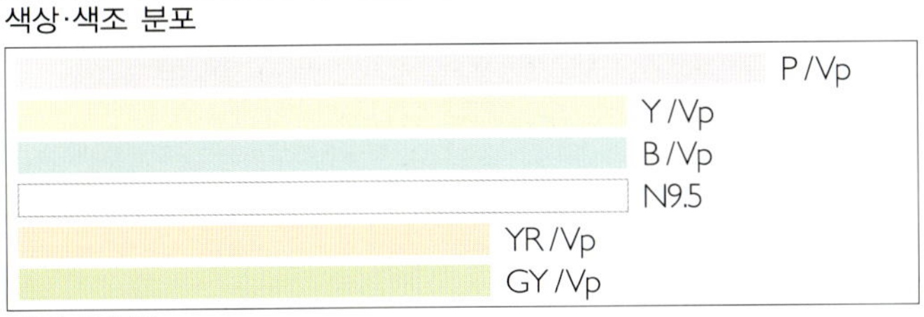

컬러 출현율

맑은

맑은 이미지는 투명하고, 가벼우며 깨끗한 분위기를 말한다. 숲속의 맑은 공기, 유리컵에 들어 있는 얼음물과 같이 차갑고, 투명한 것들에서 우리는 맑은 이미지를 느낀다. 또한 파스텔 컬러의 부드러운 블라우스, 연하고 투명한 커튼 사이로 비치는 햇살과 같이 따뜻하지만 투명한 느낌의 사물에서도 우리는 맑은 이미지를 느낀다.

관련 이미지
부드러운, 깨끗한, 가벼운, 옅은, 투명한, 밝은

Harmony Point

빨강 계통의 색을 제외하고는 모든 색에 적용되며 배색에는 선명하거나 어둡고 진한 색조보다는 밝고 부드러운 색조를 사용한다. Pale, Very Pale 톤을 주로 사용한 것으로 맑은 이미지는 색상보다는 색조의 이미지로 만들어짐을 알 수 있다. 하양을 사용해 깨끗한 느낌을 주거나 유사한 색조끼리 배색하여 부드러운 느낌을 준다.

온화한

Mild

어머니의 포근한 가슴이나 새끼를 품은 어미 새의 부드러운 털에서 온화한 이미지를 느낄 수 있다. 정서적으로 부드러움과 안정감을 느끼게 해주는 이미지이다. 부드럽고 아늑한 실내조명, 은은하면서 편안함을 느끼게 하는 아로마향 등에서도 온화함을 느낄 수 있다. 빨강이나 주황 계열의 우리 피부색에 가까워 좋은 촉감이 느껴지는 온기 있고 부드러운 배색이나, 맑은 노랑이 들어가 따사로운 인정미와 느긋한 분위기가 느껴지는 배색들은 온화한 이미지를 느끼게 해 준다.

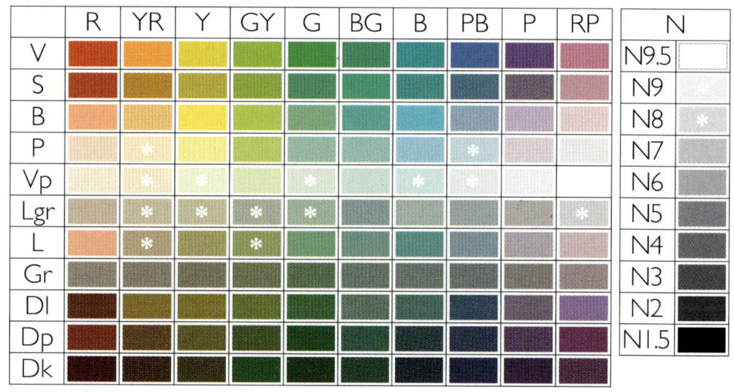

색상·색조 분포

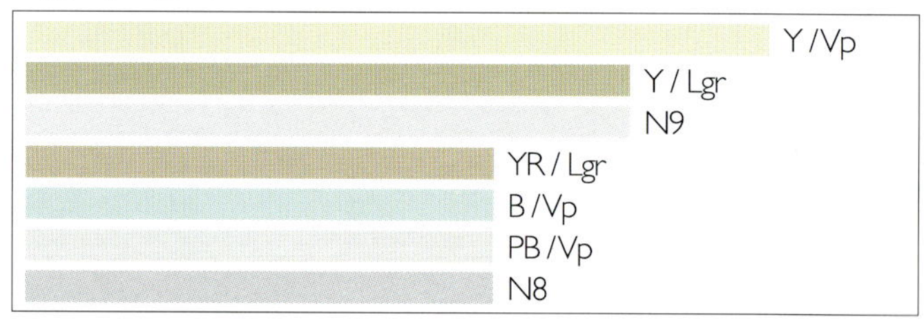

컬러 출현율

관련 이미지
따뜻한, 부드러운, 유연한, 안정된

Harmony Point

중채도, 중명도의 은은한 색조끼리의 배색이 대부분이라는 점이다. 많이 사용되는 색상은 노랑, 주황, 연두 등의 난색과 명도가 높은 회색이다. 색조는 Very Pale, Light Grayish 톤의 수수한 색조가 주로 사용된다. Pale 이미지와 배색 방법은 비슷하지만 Pale보다는 차분하고 탁한 느낌이다.

Natural

	R	YR	Y	GY	G	BG	B	PB	P	RP
V										
S			*							
B		*								
P		*		*						
Vp		*	*	*						
Lgr		*	*							
L		*	*	*						
Gr			*							
Dl		*	*	*						
Dp			*							
Dk		*								

N
N9.5
N9
N8
N7
N6
N5
N4
N3
N2
N1.5

색상·색조 분포

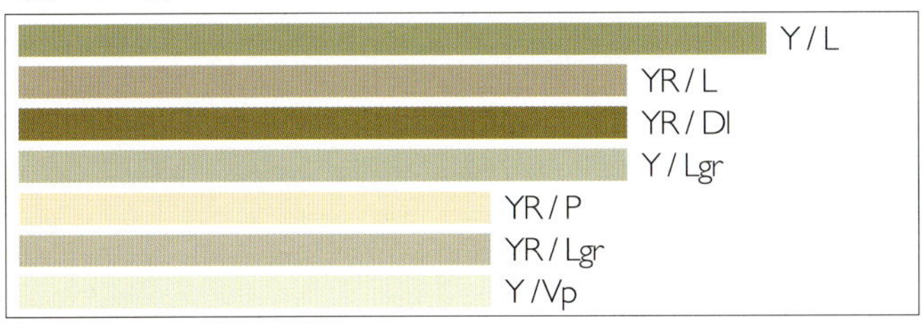

컬러 출현율

내추럴

내추럴 이미지는 자연이 나타내는 신선함과 친근함, 아늑함의 느낌을 표현해 준다. 평화로운 자연 풍경에서 느껴지는 상쾌한 기분, 싫증나지 않고 부드러우며 친근감이 있는 이미지라 말할 수 있다. 내추럴 이미지를 표현하려면 정감 있고 편안한 느낌의 연한 갈색이나 빛이 바란 듯 보이는 색에 다양한 톤의 녹색을 조화시켜서 자연의 느낌을 주는 것이 좋다. 연두, 노랑 계통을 조합하면 자연스럽고 한가로운 분위기를 연출할 수 있으며, 파랑 계열을 더하면 환경 친화적인 분위기의 배색이 되기도 한다.

관련 이미지

부드러운, 소박한, 산뜻한

Harmony Point

색상은 노랑, 연두, 초록, 갈색의 자연색 느낌의 색들을 사용하며 색조로는 Light, Light Grayish, Grayish 톤 등의 중간 톤을 주로 사용한 유사색조 배색을 한다.

그윽한

Peaceful

그윽한 이미지는 꾸미지 않은 듯 자연스러운 부드러움을 나타낸다. 은은하면서도 정적인 느낌의 무명옷, 심플하면서 단아한 모습의 우리 고유의 도자기와 같이 화려하지는 않지만, 그 속에 깃들어 있는 기품을 느끼게 하는 것들에서 그윽한 이미지를 느낄 수 있다. '맑은'과 '탁한'의 중간쯤에 위치한, 가볍지도 무겁지도 않은 배색들을 그윽한 이미지라 말할 수 있다.

관련 이미지
은은한, 소박한, 정돈된, 심플한, 단아한, 정적인

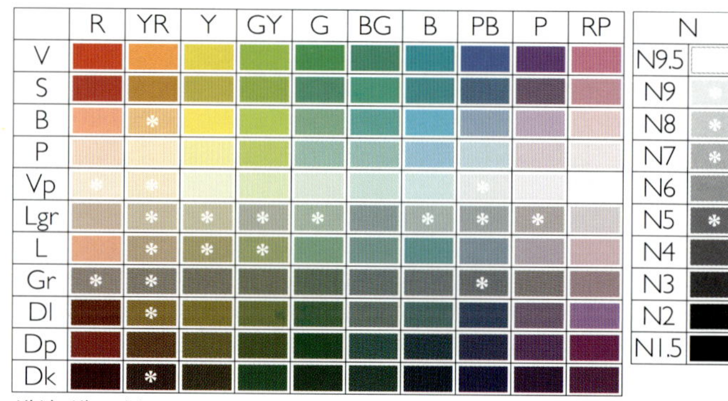

색상·색조 분포

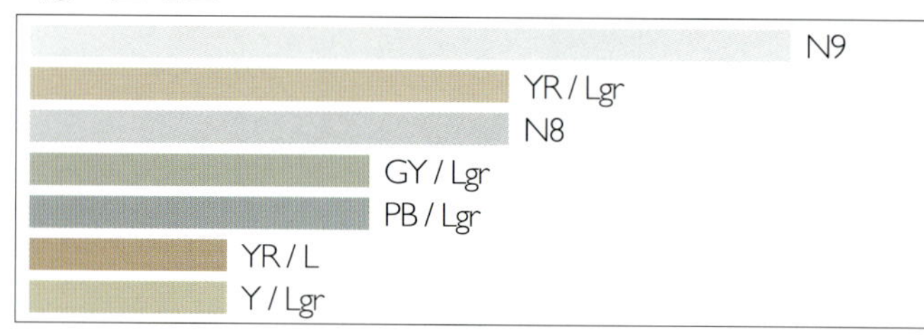

컬러 출현율

Harmony Point

Grayish나 Light grayish 톤을 이용하여 차분한 배색을 한다. 유사색상과 색조를 사용하여 강조보다는 정리의 느낌으로 만든다. 탁한 색조의 주황 계열과 파랑 계열이 주로 사용되며 따뜻한 느낌의 연회색을 넣은 배색도 많다.

Elegant

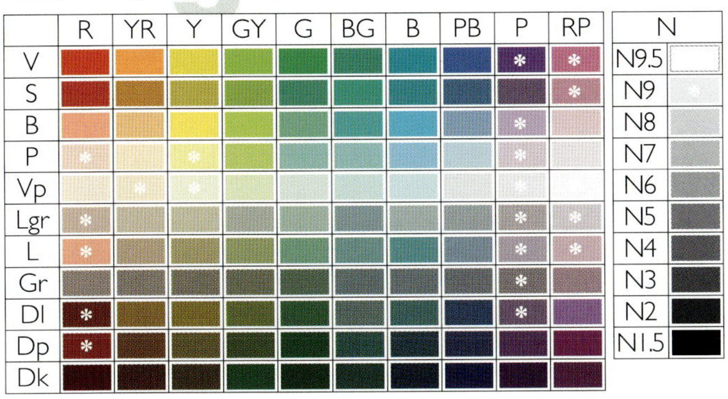

색상·색조 분포

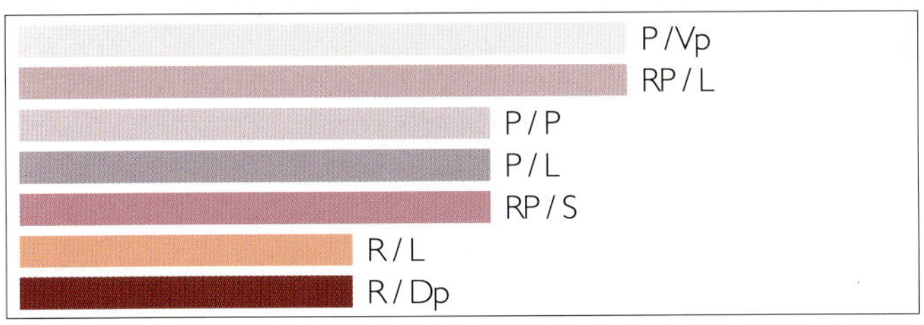

컬러 출현율

우아한

원숙하고 여성스러운 분위기가 연상되는 배색에서 우아한 이미지를 느낄 수 있다. 양반가의 기품이나 절제된 행동에서 느껴지는 고귀함, 지나치게 화려하지 않으면서도 고급스러움을 표현해주는 명품들에서도 느낄 수 있다. 세련된, 기품있는, 고급스러운 이미지를 한데 아우른 이미지라 할 수 있다. 우리 전통 조각보나 전통 복식에서 많이 볼 수 있는 배색으로 연한 분홍이나 약간은 탁한(Grayish) 보라를 적절히 사용하면 감각적이면서도 기품 있는 느낌을 표현할 수 있다.

관련 이미지

세련된, 고급스러운, 여성스러운, 기품 있는, 감각 있는, 멋진

Harmony Point

여성스러운 색상인 분홍, 보라를 많이 볼 수 있다는 점에서 화려한 이미지와 비슷하지만 '화려한' 보다는 '차분한'(Light, Grayish, Dull, Light grayish) 톤을 많이 사용하여 정적이다. 보라, 자주 등 비슷한 색상을 사용하여 유사색상 배색으로 정리하면 전형적인 우아한 이미지가 되며 노랑, 연두, 파랑을 넣으면 아기자기한 재미가 있는 배색이 된다.

화려한

Luxurious

화려한 이미지는 장미 꽃잎의 붉은 빛깔과 같은 아름다움을 표현한다. 반짝이는 스팡클, 금색 리본을 단 다채로운 꽃다발 등에서 화려함을 느낄 수 있다. 보라와 어두운 빨강을 주조색으로, 고상하면서도 요염한 느낌을 표현한 배색에서 우리는 화려한 이미지를 쉽게 느낄 수 있다.

관련 이미지

장식적인, 매혹적인, 요염한, 성숙한

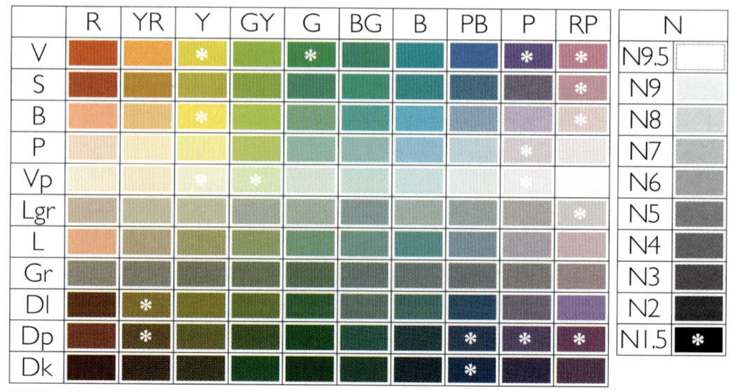

색상·색조 분포

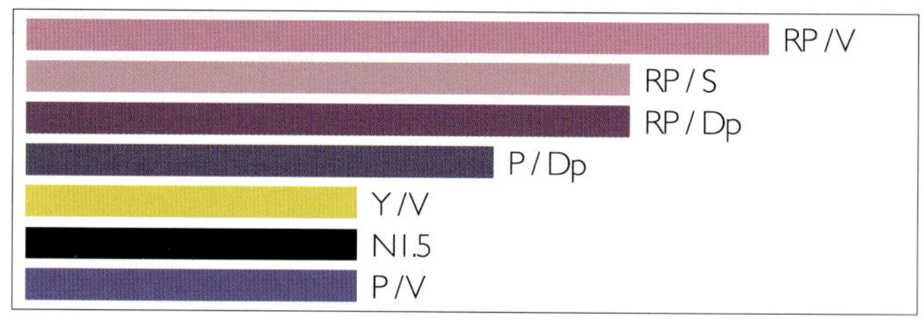

컬러 출현율

Harmony Point

보라, 자주를 기본으로 노랑, 빨강, 검정 등을 더하여 완성된다. Vivid, Strong, Deep 톤 등으로 강한 느낌의 색조가 주로 사용된다.

Antique

	R	YR	Y	GY	G	BG	B	PB	P	RP
V										
S		*	*							
B										
P										
Vp										
Lgr			*							
L										
Gr										
Dl	*	*								
Dp	*	*				*				
Dk	*	*			*	*	*			*

N	
N9.5	
N9	
N8	
N7	
N6	
N5	
N4	
N3	
N2	
N1.5	*

색상·색조 분포

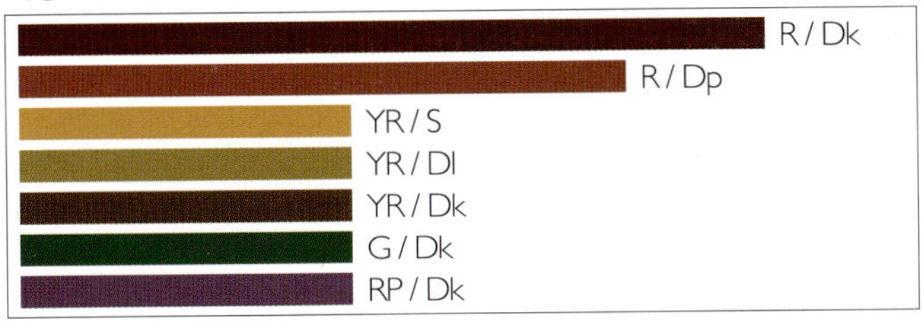

컬러 출현율

고풍스러운

완만한 곡선으로 파란 하늘을 가로질러 솟아오르는 고궁의 추녀를 보면 저절로 옛스러움, 고풍스러움이 느껴진다. 고풍스러운 이미지는 새것에서 느껴지는 가벼움보다는 고급스러우면서도 조금은 낡은 듯한 고가구와 같이 우리에게 익숙하고 안정감 있는 편안한 기분을 느끼게 해준다. 한마디로 고풍스러운 이미지는 오랜 세월의 깊이, 거기에서 느껴지는 고급스러운 이미지라고 할 수 있다.

관련 이미지

고전적인, 고상한, 클래식한, 전통적인

Harmony Point

고풍스러운 이미지에는 Deep 또는 Dark 톤을 많이 사용하며 색상은 빨강, 주황, 초록, 자주가 주로 사용된다. 주황–파랑, 빨강–청록처럼 보색끼리 배색하면 보통 화려하고 강렬한 이미지가 되지만, 여기에서는 저채도의 색조를 사용하여 차분하게 가라앉은 느낌을 준다.

고상한

Noble

고풍스러운 이미지와 유사할 수도 있지만, 좀 더 어둡고 딱딱한(hard) 이미지이다. 고급스러운 서재가구, 격식 있는 남성복 등에서 점잖은, 고상한 이미지를 느낄 수 있다. 배색에 있어서 검정과 어두운 갈색이 고상함을 표현하는 데 필요한 색이다. 그런데 이 색들이 고상함을 표현함에 있어서 그 쓰임이 다른데, 묵직하고 튼튼한 느낌에는 갈색을 사용하고, 품격 있는 이미지에는 어두운(dark) 한색 계열이나 회색을 주로 사용한다.

	R	YR	Y	GY	G	BG	B	PB	P	RP
V										
S	*	*								
B										
P										
Vp										
Lgr			*							
L		*								
Gr										
Dl	*	*								
Dp	*	*								
Dk	*	*				*		*		*

N	
N9.5	
N9	
N8	
N7	
N6	
N5	
N4	*
N3	*
N2	
N1.5	*

색상·색조 분포

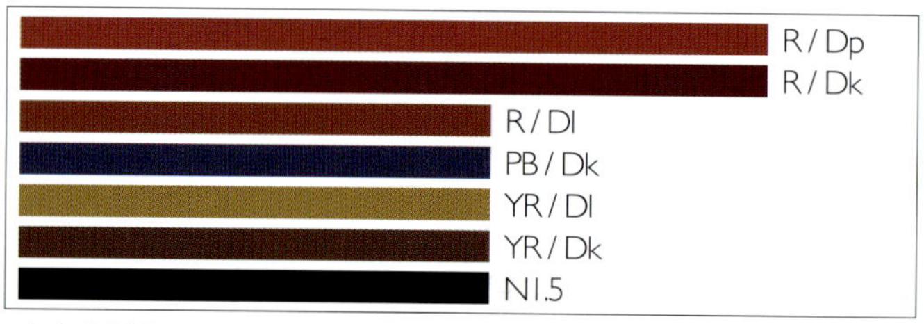

컬러 출현율

> 관련 이미지
> 보수적인, 격식 있는, 어두운, 깊은, 견실한, 점잖은

Harmony Point

빨강 계열과 주황 계열의 어두운 색들이 많이 쓰이는데 중후한 이미지와 비교해 보면 빨간색의 사용이 압도적으로 많다. 채도와 명도가 낮은 Dark 톤을 주로 사용해서 전체적으로 탁하고 어두운 느낌이다.

Courtesy

	R	YR	Y	GY	G	BG	B	PB	P	RP
V										
S										
B										
P										
Vp										
Lgr										
L								*	*	
Gr		*	*				*	*	*	
Dl										
Dp						*				
Dk		*	*			*	*	*	*	

N	
N9.5	
N9	
N8	*
N7	
N6	
N5	*
N4	*
N3	*
N2	
N1.5	*

색상·색조 분포

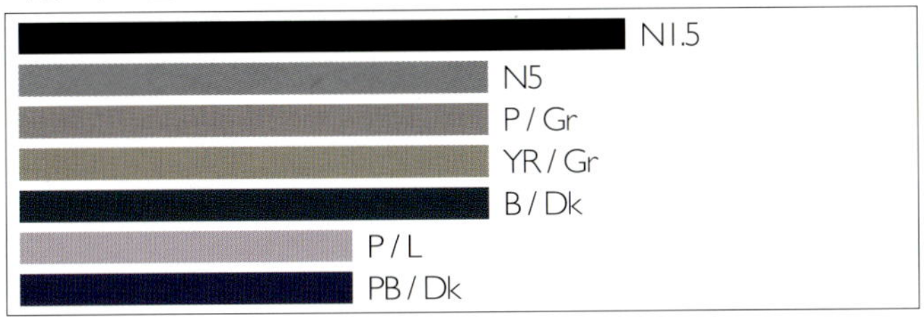

컬러 출현율

중후한

중후한 이미지는 가벼운 이미지에 상반되는 이미지로 어둡고 무거우며 탁한 느낌을 준다. 차분하면서도 무게감이 느껴지는 임원실 인테리어나 고급스러운 세단형 자동차에서 우리는 중후한 이미지를 느낄 수 있다. 파랑 계열과 회색의 사용이 많아 좀더 탁하고 정적인 이미지를 느끼게 해주며 고풍스럽거나 고상한 이미지와는 약간 차이가 있는 이미지이다.

관련 이미지

견고한, 조용한, 남성적인, 차분한, 무거운, 딱딱한, 견고한, 탁한

Harmony Point

파랑, 남색, 보라, 자주 등의 차가운 색상과 회색, 검정의 무채색 계열이 주로 사용된다. 색조는 중채도, 중명도의 Grayish 톤을 많이 사용하여 고상한 이미지보다는 어둡지 않다. 반대색상 배색보다는 유사색상 배색으로 모던하고 고급스러운 이미지를 표현하고 있다.

한국의 전통색

우리 나라는 고대로부터 음양오행사상에 근거한 색채 문화를 지녀왔다. 우리 나라의 전통색채는 생활 속에서 아름다움을 추구하는 요소로 사용되었을 뿐 아니라, 음양오행사상을 표현하는 상징적 의미의 표현수단으로서 이용되어 왔다.

오방정색

전통적인 색채의 표현은 의미론적 상징체계로 태극도설과 음양오행설에서 출발하여, 우주 생성의 원리와 사방위의 개념적인 색인 오정색과 오간색으로부터 색채사상이 나타난다.

*오정색(五正色)
청(靑), 적(赤), 백(白), 흑(黑), 황(黃)의 5가지 색이다.

*오간색(五間色)
정색과 정색이 합쳐서 생겨난 색으로 사방과 중앙의 간색이다.
녹색(綠色), 벽색(碧色), 홍색(紅色), 자색(紫色), 유황색(硫黃色)의 5가지 색이다.

오방색

오행	계절	방위	색상	오륜	신체	맛
목(木)	봄	동	청	인	간장	신맛
화(火)	여름	남	적	예	심장	쓴맛
토(土)	4계절	중앙	황	신	위장	단맛
금(金)	가을	서	백	의	폐	매운맛
수(水)	겨울	북	흑	지	신장	짠맛

오방색과 음양오행

청색(靑色)

우리 민족에게 보편적인 색채로 우리는 오랜 기간 청색을 선호하고 애용해 왔다. 청색은 음양오행의 상징성 외에도 우리 고유의 민속적인 상징성을 지니며 사용되기도 한다. 파랑은 방위로는 동쪽이므로 해돋이, 밝음, 맑음 등과 연관된 상징성이 있다. 혼례 때 청과 홍 색실을 늘어놓는 것이나 신부복을 청홍색으로 만들어 입히는 것, 사주보를 청홍색으로 만드는 데서 그 예를 찾아볼 수 있다. 또 초목의 색체로서 성장과 풍성함을 의미한다. 청색은 주로 쪽(여귀과 식물)에서 색을 얻었다.

적색(赤色)

붉은색은 전통적으로 국왕이 입던 홍포(紅袍)의 색으로 절대 권력을 상징한다. 또 토속신앙의 주술적 의미로 쓰인 색으로 귀신을 쫓는 데 주로 이용하였다. 동짓날 팥죽을 먹으면 팥의 붉은색이 액막이가 된다고 여겼다. 아들을 낳을 때 금줄에 붉은 고추를 달아 부정한 것을 막았다. 또 적색은 양기가 왕성하고 만물이 무성하여 생명을 낳고 지키는 힘의 상징으로 사용되었다. 적색 계열을 낼 수 있는 천연염료로는 홍화와 소목, 꼭두서니 등이 있다.

황색(黃色)

모든 색의 근원으로 숭상되었으며, 금색은 오행에서는 중앙을 상징한다. 신성한 색이라는 상징성과 함께 시각적으로도 사람들의 이목을 집중시킬 때 사용하였다. 황색은 적색 계열의 색채로 분류되어 주로 귀신을 쫓거나 병을 방지하는 데 많이 쓰였는데, 신성한 공간인 제의 장소에 금줄을 치거나 해산 후에 사람의 출입을 막기 위해 금줄을 쳤다. 황색 계열의 치자를 비롯하여 황련, 황백나무, 울금, 금잔화 등 풍부한 재료에서 염료를 얻었다.

흑색(黑色)

백색과 함께 음의 색으로 쓰였으며, 계절로는 겨울을 상징하여 다음(봄)을 준비하는 소생을 상징함과 동시에 만물의 흐름과 변화를 뜻한다. 흑색 계열의 색채로는 차(검정), 현(밤 하늘색) 등이 있다. 조선시대 궁중에서는 음의 색을 사용하길 꺼렸으나 민간에서는 전복벙거지, 복건, 신부의 도투락댕기, 제복에 흑색을 사용하였다.

백색(白色)

백색은 우리 민족이 가장 많이 사용한 색채로서 우리 민족은 흰옷을 즐겨 입어 '백의민족'이라 불릴 정도였다. 그리고 청정과 순결, 순수, 광명과 도의의 표상으로 태양의 색이라는 상징성이 있어서 아이가 태어나 돌이 되기 전까지는 부정을 쫓는 의미에서 유채색의 옷을 입히지 않았다. 동양에서는 재생을 의미하는 색으로 쓰이기도 하였다. 또 백색은 흑색과 함께 음(陰)에 해당하는 색으로 길례(吉禮)보다는 흉례(凶禮)에 사용하였다.

오방색과 한국음식

우리 조상들은 음식의 맛과 색상에서도 음양오행의 원리를 지키려 했다. 미각에서는 맵고(辛), 달고(甘), 시고(酸), 짜고(鹹), 쓴(苦) 오미(五味)를 시각에서는 오색(五色)을 오행의 원리로 조화시켜 왔던 것이다.

한국의 전통 음식 가운데 그 대표적인 예로 '오훈채'라는 나물을 들 수 있다. 궁중에서 '오신반(五辛盤)'으로 불리기도 한 '오훈채'는 파, 마늘 같은 자극성이 강한 다섯 가지의 채소를 재료로 만든 나물을 뜻하며, 불가에서는 마음을 흥분시킨다고 하여 금하였다. 오방색의 경우에서처럼 노란색 나물을 중앙에 놓고 주위에 청, 백, 적, 흑의 나물을 놓아 이것을 임금이 신하들에게 하사하기도 하였는데, 임금을 중심으로 하나로 뭉치는 정치적 이념을 나타낸 것이다.

서민들도 입춘이 되면 으레 오훈채를 먹었는데 이때 오색의 상징적 의미는 정치적 이념이 아니라 인(仁 - 靑), 예(禮 - 赤), 신(信 - 黃), 의(義 - 白), 지(志 - 黑)의 덕목과, 비장(청), 폐(적), 심장(황), 간(백), 신장(흑)의 인체기관을 의미하며, 입춘날 오훈채를 먹으면 다섯 가지 덕을 모두 갖추게 되고 신체의 모든 기관이 균형과 조화를 이루어 건강해진다고 믿었다.

한편, 오훈채를 준비하지 못한 농가에서는 고추장에다 파를 찍어 먹는 것으로 대신하기도 하였는데, 이것은 오훈채와 동일한 맛과 색이 포함되어 있기 때문이었다. 파의 뿌리는 희고 줄기는 검으며, 잎파리는 푸르고 새로 돋는 순은 노랗다. 그것을 붉은 고추장에 찍어 먹기 때문에 오방색을 모두 갖추게 된다. 또, 파의 맛은 맵고 쓰며, 그 순은 달다. 거기에 초고추장을 찍어 먹으면 신맛과 짠맛이 더해져 오미를 모두 갖추게 되는 것이다.

메밀의 경우에도 오색을 모두 갖추고 있는데 그 잎은 파랗고, 꽃은 희고, 줄기는 붉으며, 열매는 검고, 뿌리는 노랗기 때문이다.

다식을 만들 때는 한 가지만 만들지 않고 적어도 삼색 이상 마련하여 함께 어울려 담는다. 하양의 녹말 다식, 분홍의 오미자 다식, 황색의 송화 다식, 청색의 승검초나 청태다식 그리고 흑색의 흑임자 다식을 마련하여 오색을 이루게 하고 색상과 함께 다양한 맛을 즐길 수 있게 했다.

김치는 '백채(白菜)'라고도 했었는데 이는 원래 배추의 하양을 바탕으로 하기 때문에 붙여진 이름으로 생각된다. 김치는 주재료가 배추의 백색에 배추 겉잎이나 파 등의 청색이 더해지고 고춧가루의 적색, 배추 속잎과 생강, 마늘 같은 황색 계열의 색이 더해진다. 그리고 흑색은 녹각이나 젓갈, 양념류에 의해 더해지며 이로서 오색(五色)을 모두 포함하게 된다. 김치는 맛에서도 맵고(辛), 달고(甘), 시고(酸), 짜고(鹹), 쓴(苦) 오미를 갖추고 있는데, 일단 유산 발효식품으로 독특한 신맛이 있다. 여기에 고추의 매운맛, 양념과 과일 그리고 고추 자체의 단맛, 소금의 짠맛, 여러 가지 채소들의 쓴맛이 어우러져 오행의 조화를 이루고 오묘한 맛을 가지게 되는 것이다.

한국음식에서 고명이란 모양과 맛을 더하기 위하여 음식 위에 뿌리거나 얹는 것의 총칭으로 이들의 색상이 대략 다섯 가지 색상으로 분류되기 때문에 '오색고명'이라는 말을 써왔

왔다. 이때 다섯 가지 색상은 음양오행에서 비롯된 오채(五彩)와 동일하지만 청색만은 야채의 짙은 녹색으로 대신하고 있는데 이것은 파란색이 식욕을 감퇴시킨다는 점에서 타당한 것이라고 할 수 있으며 녹색이 '청산(靑山)'의 경우에서처럼 '청(靑)'의 넓은 개념에 포함되기 때문이기도 하다.
오색고명 중에서 적색과 녹색은 일반적으로 가장 식욕을 자극하는 색으로 알려져 있는데, 고명 자체의 색상이 식욕을 자극하기도 하지만, 이들의 색상이 음식 주재료의 색상과 명도 혹은 채도의 대비를 이루어 음식의 맛을 돋우어주는 역할을 하기도 한다.

한국의 음식에서 전통적으로 사용된 고명의 재료와 음식의 재료 혹은 주재료에 섞어 색상을 내는 데 활용되었던 재료는 다음과 같다.

색	식품재료
청색	청고추, 파, 쑥갓, 미나리 등의 녹색 채소
백색	계란 지단, 무, 배
황색	계란 지단, 호두, 깨
홍색	홍고추, 실고추, 대추, 당근
흑색	표고, 목이, 석이, 김, 검정깨

고명

색	식품재료
청색	승검초, 쑥, 모시풀
백색	쌀 혹은 쌀가루, 밀가루
황색	치자
홍색	오미자, 송기, 맨드라미
흑색	흑임자, 검정깨

보조재료

COLOR FOOD

Part 2 컬러 푸드

Color Food

색은 색상에 따라 각각 독특한 색의 감정을 지닌다. 이것은 곧 인체의 뇌에 작용하여 연상감정으로 연결되어 인간의 정신작용을 일으킨다. 개인의 연령, 성별, 기후나 풍토와 같은 환경, 문화수준, 종족성, 성격에 따라 연상감정은 다르게 나타난다. 대부분의 사람들에게는 공통적으로 연상되어 인지되는 색깔이 있지만 주관적인 성향이 강하여 일반화하기 힘든 경우도 있다. 일반적으로 어린이들은 색을 구체적인 사물과 직접적으로 관련지어 연상하며, 나이가 들수록 경험과 사회, 문화, 정치적인 것 등 추상적인 것으로 연상의 범위를 확대시키는 경향을 보인다.

이 장에서는 빨강(red), 노랑(yellow), 초록(green), 하양(white), 검정(black)의 5가지 계열색에 대하여 각각의 특징과 이미지 그리고 색에서 느낄 수 있는 맛 등을 살펴보고 해당 식재료와 푸드 스타일링 기법을 소개하고자 한다.

색채와 맛

색에는 맛을 느끼게 하는 특성이 있다. 사람들은 음식의 맛을 색과 함께 연동하여 느낀다. 따라서 음식의 색을 보고 시식하기도 전에 그 맛의 느낌을 알아내기도 한다. 난색 계열색의 음식이 단맛, 신맛 등 미각을 자극하는 반면, 한색 계열 색의 음식은 쓴맛, 짠맛과 관계가 있다.

단맛 빨강, 분홍, 주황, 노랑의 배색

미각을 자극하는 맛의 이미지로 잘 익은 빨간 사과, 오렌지, 딸기 등의 과일을 연상시킨다. 주황은 식욕을 가장 자극하는 색으로 알려져 있다. 분홍은 아주 단맛보다는 달콤한 느낌을 더 가지고 있다.

신맛 초록, 노랑, 연두의 배색

보기만 해도 입안에 침이 고이게 하는 색으로서, 신맛을 대표하는 레몬의 노랑이나 녹색이 주류를 이룬다. 과일의 덜 익은 색인 녹색은 신맛을 가장 많이 자극한다.

쓴맛 갈색, 올리브그린, 검정의 배색

보편적으로 커피와 한약처럼 쓴맛의 대표적인 색은 짙은 갈색이나 검정으로 표현된다. 주로 어두운 계통의 색이 쓴맛을 상징하는데 색의 농축된 이미지가 강하여 단맛이나 신맛이 너무 강할 때도 쓴맛을 느낀다.

짠맛 연두, 하늘색, 회색의 배색

짠맛하면 가장 먼저 소금을 떠올린다. 소금의 하양이나 밝은 회색이 짠맛의 대표적인 색이다. 주로 바다에서 나는 해산물의 색이 초록 계통의 한색인 경우가 많다.

매운맛 빨강, 검정의 배색

매운맛하면 고추장을 떠올리게 되는데 빨강과 검정이 대표적인 색이다. 고추와 칠리 같은 붉은색에서 매운맛을 느끼게 된다.

Red Food - Red / Pink

색의 특징 및 속성

붉은색 음식들은 철분이 풍부해서 원기가 부족하거나 빈혈이 있는 사람에게 좋다. 또한 피를 맑게 하고, 활력 증강에 좋은 고단위의 칼륨을 함유하고 있다.

빨강 Red

비렌(Birren Faber)에 따르면 색들 가운데서 가장 맛있게 보이는 색은 주황 계통의 색이며, 순색들 가운데서는 빨강이 가장 식욕을 돋우는 색이다. 실제 많은 패스트푸드점이나 음식점에서는 빨강을 주조색으로 사용하고 있다. 빨강은 감미롭고 달콤하며 잘 익었다는 느낌을 주지만, 어두운 빨강은 대체로 자주와 비슷하기 때문에 식욕을 돋우지 못한다.

딸기, 체리, 서양자두, 수박, 대황, 나무딸기, 사과, 사탕무, 토마토, 적후추, 비트, 강낭콩, 육류, 해산물, 육류 가공식품

분홍 Pink

달콤한 맛을 강하게 느끼게 하는데, 특히 차를 마실 때 테이블 세팅 색상이 분홍이라면 차 맛이 달콤하게 느껴질 정도로 단맛을 느끼게 하는 강도가 강하다.
기분전환을 하고 싶을 때에는 복숭아 빛깔의 허브티나 홍차가 좋다. 분홍 음식 재료들은 우리 신체에 생식기에 지대한 영향을 미치기 때문에 중국 한의학에서는 임신한 여성이나 생식기 쪽에 문제가 있는 여성과 남성에게 빠지지 않고 복숭아 분말을 처방한다고 한다.

복숭아, 허브티나 홍차

사과

원산지는 중앙 아시아의 고원지대로 능금나무과에 속하는 낙엽교목이다. 한랭한 지방에서 잘 자라고 우리나라에서는 대구, 충주, 제천, 예산 등이 주산지이다. 우리나라의 재배 품종은 축, 욱, 스타킹, 델리셔스, 홍옥, 국광, 인도, 후지, 부사 등이다.

중요 성분은 당과 유기산으로 당은 대부분 과당과 포도당으로 흡수가 잘 되며 유기산은 사과산, 구연산, 주석산으로 인체에 쌓인 피로 물질을 제거하는 역할을 한다. 탄수화물의 일종인 펙틴은 섬유소와 유사한 정장작용을 하며 잼이나 젤리를 형성하는 주요 성분이다.

또한 장의 벽에 젤리 형태의 막을 만들어 독물질의 흡수를 막고 장내 이상 발효도 방지하여 대장질환이나 변비에 좋다. 무기질 중 칼륨이 많아 체내의 나트륨 수치를 낮추어 주므로 고혈압 환자의 혈압을 내려 준다. 사과는 에스테르에 의한 뛰어난 향을 가지며 특유의 산뜻한 맛을 가지고 있다. 신맛이 나서 산성식품으로 오해할 수도 있으나 알칼리성 식품이다.

먹는 방법으로는 동양권에서는 생식으로, 서양권에서는 사과주, 사과초, 사과주스, 소스, 애플파이, 구운사과 등과 같이 가공품으로 섭취한다. 특히 사과는 클로로겐산과 폴리페놀이 가공이나 조리시 효소적 갈변을 일으키므로 소금이나 아스코르빈산, 아황산염류의 묽은 용액에 담가 갈변을 방지해야 한다.

Styling Point

구운 사과에 시나몬을 꽂아 연출했다. 빨간 사과와 고급스러운 황금접시가 붉은 계통의 배경과 잘 어울린다.

Styling Point

구운 밤과 사과는 바삭바삭한 씹히는 맛을 주고 감미 첨가제 없이도 달콤한 맛을 충분히 제공한다.

Styling Point

구운 사과를 빵 위에 가지런히 담고 하얀의 소스를 곁들였다. 쟁반처럼 큰 접시가 인상적이며 3개의 둥근 모양의 그릇들을 사이즈가 다르게 연출함으로써 재미를 주었다.

수박

아프리카가 원산지인 수박은 중국을 거쳐 우리나라에 들어왔으며 박과에 속하는 일년생의 덩굴풀이다. 껍질이 많아 가식부는 60% 정도이며 수박의 중심부가 더 달다. 대부분 과당, 포도당으로 체내에 쉽게 흡수되어 피로회복에 도움이 되며, 해열 및 해독작용과 일사병에 효과가 있다. 함유 아미노산 중 소변의 배설을 촉진하는 시트룰린(citrulline)은 이뇨작용을 도와 신장병이 있는 사람에게 좋은 치료제이다. 또한 수박씨는 단백질, 지방, 당질, 무기질과 비타민 B군이 든 우수한 식품으로 우리나라에서는 먹지 않지만 중국에서는 말린 수박씨를 소금과 함께 볶아 전채로 이용하거나 차로 마신다.

Styling Point

붉은 수박 셔벗을 파란 배경에
식기를 사용하여 더 돋보이게 하고
노란 가니시를 얹어 마무리를 하였다.
커피잔을 연상시키는 식기는
멋스러움을 연출한다.

Styling Point

속을 파낸 수박에 화채를 담아 껍질의 초록과 속의 빨강 그리고 하양의 속껍질을 대조시켰다. 큰 숟가락과 화채를 담은 작은 그릇이 수박 안에 놓인 것은 약간 어색한 듯하다.

Styling Point

수박을 가로로 어슷썰어 속을 파내고 파파야, 참외, 동그랗게 뜬 수박 알갱이, 머스크 멜론을 보기좋게 담는다. 라임과 생강으로 만든 베리 소스가 수박의 붉은색과 어울리고 분홍 하와이안 바다소금과 으깬 코코넛을 같이 곁들였다.

토마토

원산지는 남미의 잉카제국으로 유럽을 거쳐 우리나라에 들어왔으며 처음에는 관상용이었으며 식품으로 사용한 것은 100년 전의 일이다. '일년감' 또는 '남만시'라고도 한다. 토마토와 그 가공품은 색깔이 매우 중요한데 붉은 색소는 카로티노이드로 '라이코펜'이 주성분이고 그 외에 카로틴, 크산토필, 크립토산틴 등이 들어 있다. 토마토 가공품의 라이코펜 기준함량은 최소한 5mg%이어야 한다.

토마토에 포함된 '루틴'은 혈관을 튼튼하게 하고 혈압을 내리는 역할을 하며, 칼륨은 나트륨 평형에 관여하므로 고혈압에 유효하다. 고기나 생선 등 기름기있는 음식과 함께 먹으면 소화를 촉진시키고 산성식품을 중화시키며, 유기산이 적어 자극성이 적고 영양가가 우수하며 소화가 잘 되어 환자 음료로도 적당하다. 또 홍피망, 토마토 등에 포함된 피라진 성분은 혈액이 응고되는 것을 억제시켜 성인병 예방에 좋다.

토마토의 겉껍질은 끓는물에 데쳐 찬물에서 벗기면 쉽게 벗겨지며 가공품으로는 토마토퓨레, 토마토소스, 토마토케첩 등이 있다.

Styling Point

그릇을 사용하지 않고 대신에 속을 파낸 호박에 양고기와 방울토마토를 담고 녹색의 로즈마리로 포인트를 주었다.

Styling Point

토마토주스, 토마토다짐, 토마토구이 등을 서로 다른 바탕과 식기에 담아 연출하였다. 바탕을 분홍으로 깔아 통일감을 표현하였다

Styling Point

내추럴한 나무와 피자는 어울린다. 붉은색의 소시지와 토마토가 토핑된 수제 피자와 나무 배경, 그리고 자연스럽게 흘린 듯한 허브잎이 잘 조화되어 있다.

베리류

딸기, 블루베리, 로즈베리 등의 베리류에 들어 있는 색소 성분과 비타민 C 등은 항산작용으로 혈액을 맑게 해준다. 딸기는 풀딸기에 속하는 장미과의 다년초로 남미가 원산지이다. 딸기의 빨간색은 안토시안으로 색이 곱고 향기가 좋아 생식 및 잼, 젤리, 제과원료, 냉동딸기 등으로 이용된다. 특히 과일 중에 비타민 C가 가장 많아 여러 가지 호르몬을 조절하는 부신 피질의 기능을 활발하게 하므로 체력을 증진시키며 새콤한 맛을 내는 유기산이 포함되어 있다. 딸기의 영양가를 손실 없이 섭취하기 위해서는 설탕보다는 꿀, 우유, 요구르트와 먹는 것이 좋다.

일명 복분자라고도 하는 산딸기는 칼슘과 철분이 많은 알칼리성 식품이다. 딸기보다 구연산과 사과산이 많아 신맛이 강해 한꺼번에 많이 먹을 수 없으며, 대신 과실주로 적합하고 설탕에 조려 가공품으로 애용된다.

Styling Point

딸기를 토핑한 피스타치오 케이크로 유리 재질의 케이크 스탠드에 피스타치오 빵을 올리고 치즈 크림을 바른 뒤 딸기를 올려 빨강, 노랑, 연두의 조화를 유도하고 배경은 딸기의 붉은 계통을 사용하여 맛있어 보이는 시각적 효과를 연출하였다.

Styling Point

컵의 아래는 산딸기 셔벗을, 위는 산딸기를 그대로 채워 흰 접시와 배경을 이용 깨끗한 느낌으로 연출한 스타일링. 빨간색에 초록의 가니시를 올려서 포인트를 주었다.

Styling Point

딸기를 곁들인 치즈 타르트. 와인색의 커다란 접시를 은회색의 배경에 놓고 빨강와 노랑의 타르트를 배치하였다. 배경을 따로 쓰지 않고 큰 접시에 타르트와 체리 커틀러리를 놓아 색다르게 연출하였으며, 은재질의 소품은 고풍스럽고 딸기 줄기 또한 신선함을 준다.

석류

석류나무는 석류과에 속하고 열매는 신맛과 단맛을 동시에 가지며 빛깔이 곱다. 석류의 열매는 주로 식용으로 사용하며 껍질과 나뭇가지의 껍질 및 뿌리는 약용으로 사용된다. 석류는 생으로 먹지만 최근에는 엑기스 형태의 가공품이 식물성 여성 호르몬의 유행에 힘입어 갱년기 여성들에게 인기가 높다. 껍질은 설사, 이질, 복통, 대하증 등에 수축제로 또는 구충약으로 사용되고, 꽃은 정장작용이 있어 엽차로, 나무뿌리의 껍질즙은 무좀치료에, 잎을 달인 물은 치통 및 충치 치료에 이용된다.

Styling Point

석류는 이국풍의 과일로 대부분의 식기에 잘 어울린다. 열매의 강렬한 빨간 색상이 깔금한 하양 식기에 의해 더욱 선명해 보이며, 가죽 느낌의 광택 있는 겉껍질은 내추럴한 갈색 계열의 테이블에 의해 잘 조화를 이뤄 간단하면서도 멋스러운 스타일링이다. 효과를 연출하였다.

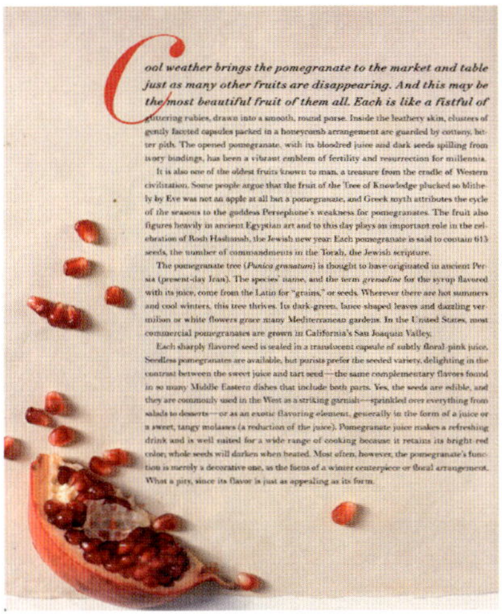

Cool weather brings the pomegranate to the market and table just as many other fruits are disappearing. And this may be the most beautiful fruit of them all. Each is like a fistful of glittering rubies, drawn into a smooth, round purse. Inside the leathery skin, clusters of gently faceted capsules packed in a honeycomb arrangement are guarded by cottony, bitter pith. The opened pomegranate, with its bloodred juice and dark seeds spilling from ivory bindings, has been a vibrant emblem of fertility and resurrection for millennia.

It is also one of the oldest fruits known to man, a treasure from the cradle of Western civilization. Some people argue that the fruit of the Tree of Knowledge plucked so blithely by Eve was not an apple at all but a pomegranate, and Greek myth attributes the cycle of the seasons to the goddess Persephone's weakness for pomegranates. The fruit also figures heavily in ancient Egyptian art and to this day plays an important role in the celebration of Rosh Hashanah, the Jewish new year. Each pomegranate is said to contain 613 seeds, the number of commandments in the Torah, the Jewish scripture.

The pomegranate tree (*Punica granatum*) is thought to have originated in ancient Persia (present-day Iran). The species' name, and the term *grenadine* for the syrup flavored with its juice, come from the Latin for "grains," or seeds. Wherever there are hot summers and cool winters, this tree thrives. Its dark-green, lance-shaped leaves and dazzling vermilion or white flowers grace many Mediterranean gardens. In the United States, most commercial pomegranates are grown in California's San Joaquin Valley.

Each sharply flavored seed is sealed in a translucent capsule of subtly floral-pink juice. Seedless pomegranates are available, but purists prefer the seeded variety, delighting in the contrast between the sweet juice and tart seed—the same complementary flavors found in so many Middle Eastern dishes that include both parts. Yes, the seeds are edible, and they are commonly used in the West as a striking garnish—sprinkled over everything from salads to desserts—or as an exotic flavoring element, generally in the form of a juice or a sweet, tangy molasses (a reduction of the juice). Pomegranate juice makes a refreshing drink and is well suited for a wide range of cooking because it retains its bright-red color; whole seeds will darken when heated. Most often, however, the pomegranate's function is merely a decorative one, as the focus of a winter centerpiece or floral arrangement. What a pity, since its flavor is just as appealing as its form.

Styling Point

고대 페르시아, 즉 이란이 원산지인 석류는 인간에게 알려진 가장 오래된 과일 중의 하나로 평균 613개의 알갱이가 하나의 석류를 이룬다고 한다. 서구에서는 주로 장식용으로 사용되나 색깔과 형태가 이쁜 만큼 맛과 향도 뛰어나다. 모든 요리에 응용 가능하며 가열하면 열매의 밝은 빨강이 어두워진다.

Styling Point

석류열매는 보석 중 루비에 비유되면서 가을 추수의 상징이기도 하다. 낡은 도마와 오래된 듯한 숟가락에 담긴 석류가 오히려 고급스럽게 보이며 숟가락 밑의 자연스럽게 떨어뜨린 시럽 자국도 또 하나의 포인트가 된다.

체리

벚나무 열매로 흑해 연안이 원산지이며 달콤하여 생과로 쓰는 스위트 체리와 신맛이 강하지만 과즙이 많아 가공과 요리용으로 쓰이는 사우어 체리가 있다. 체리의 색깔은 안토시안으로 가공되는 동안 변색을 막기 위하여 탈색 후 색소로 재착색하는 과정을 거쳐 설탕용액에 병조림한다. 프루츠펀치, 프루츠칵테일, 맨해탄(칵테일)에 사용하며 체리발효주로는 셰리, 체리, 히링, 키르시봐서, 마라스키노, 체리브랜디 등이 있다.

Styling Point

특이한 모양의 유리컵 두 개에 체리를 나눠 담고, 배경도 같은 붉은색으로 통일하고 허브 가니시로 포인트를 주었다.

Styling Point

생체리의 프럽 스타일링(prop styling)으로 산만한 듯하나 옅은 색과 짙은 색이 골고루 배치되어 있고 녹색 줄기의 방향도 의도적으로 다듬어 보기 좋게 담았다. 그릇 안에 그냥 담지 않고 얇은 색지를 깔아줌으로써 단조로움을 피했다.

Styling Point

체리 병조림을 국자를 이용하여 이색적인 구도로 담고 붉은색으로 전체 통일하여 이미지를 연출하였다.

비트

선명한 자줏빛의 뿌리채소로 '사탕무'라고 하며 우리나라에서는 주로 녹즙을 내거나 생으로 채를 썰어 샐러드에 넣어 먹지만 서양에서는 대부분 삶아서 요리에 이용한다. 철 함량이 많아 피를 맑게 해주어 고혈압환자에게 적당한 식품이다.
안토시안 계통의 붉은색 색소로 즙을 이용하여 만두피나 칼국수에 분홍빛을 낼 때 사용하기도 한다.

Styling Point

빨강과 노랑, 초록의 대비효과를 주었다. 비트를 멜론 볼러(melon baller)로 둥글게 파내서 모양에 신경을 썼으며 초록의 야채가 더욱 신선함을 강조한다.

Styling Point

비트 샐러드로 빨강의 비트와 노랑의 비트, 고트 치즈, 단델리온잎을 이용하여 색의 다양함을 보여주고 있다. 검은 그릇과 흰 접시가 모던한 느낌을 준다.

Styling Point

건강을 위한 붉은 비트 칵테일로 붉은 비트 주스에 곁들인 초록 라임 조각이 보색으로 강조되었다. 음료의 청량함을 강조하기 위해 얼음조각을 띄우면 효과적이다.

붉은 육류

우리가 식용으로 하고 있는 육류는 쇠고기, 돼지고기, 양고기, 닭고기, 오리고기 등으로 근육조직, 결합조직, 뼈, 내장과 같은 부산물을 먹는다. 도살 후 사후강직 상태를 지나 숙성시기를 거친 육류를 조리에 이용한다.

이 중 붉은색을 띠는 육류는 미오글로빈에 기인한 것으로 숙성과정 중 공기 중의 산소와 결합하여 선명한 빨간색의 옥시미오글로빈이 된 후 산화가 계속되면 갈색의 메트미오글로빈이 된다. 육류를 구입할때는 옥시미오글로빈 상태의 선명한 빨강을 선택하는 것이 좋다.

또한 스테이크를 레어(rare)로 구우면 겉은 헤마틴에 의한 회갈색을 띠지만 속은 붉은색을 유지하고, 웰던(well-done)으로 구우면 속까지 회갈색의 헤마틴으로 된다. 소시지나 햄 제조시에 육류를 질산염, 소금, 향신료 등에 침지한 후 훈연하면 미오글로빈이 니트로조미오글로빈이 되면서 구워도 갈색으로 변하지 않고 붉은색을 그대로 유지하게 된다. 그러나 훈연 과정에서의 발암성이 문제가 되고 있다.

또한 육류는 부위에 따라 조리방법을 달리해야 하며 숙성, 기계적 방법(다지기, 칼집이나 망치로 두들기기), 단백질 분해효소(파파야의 파파인, 파인애플의 브로멜린, 무화과의 피신, 동물의 펩신과 트립신)의 이용(키위, 배즙 등), 산의 첨가(와인, 맥주, 토마토페이스트, 식초, 레몬, 과일즙 등), 염의 첨가(소금이나 간장), 당의 첨가(설탕, 양파즙, 배즙, 꿀)와 같은 육류의 연화법을 잘 활용하여야 훌륭한 요리를 할 수 있다.

Styling Point

미디움(medium)으로 익힌 구운 쇠고기에 통후추를 손으로 뿌리는 과정을 연출한 것으로 손의 움직임이 있는 스타일링을 하면 힘이 느껴져 색다른 느낌을 준다. 붉은 육류와 검정 후추의 색깔이 자연스럽다.

Styling Point

파슬리 가루를 붙인 네모난 쇠고기를 노란 파프리카와 겹치게 담아 초록, 빨강, 노랑을 조화시키고 아보카도 드레싱을 둥근 그릇에 담아 네모난 접시와 매치시켰다. 노란 파프리카를 한 줄로 길게 배열한 것이 재미있는 스타일링이다.

Styling Point

야채와 곁들인 스테이크로 녹색의 야채를 밑에 깔고 위에 스테이크를 담아 단조로움을 피했다. 자연스럽게 흐르도록 뿌린 소스와 같은 접시를 두 개 겹쳐 연출하였다.

붉은살 생선

어류는 일반적으로 고단백, 저지방 건강식품으로 인식되어 그 소비가 꾸준히 증가하고 있다. 어류의 지방은 흰살 생선보다는 붉은살 생선에 함량이 높고 건강에 좋은 불포화 지방산이 대부분이며 특히, 고도불포화지방산(PUFA) 중 n-3계 지방산인 EPA와 DHA 가 등푸른생선에 많이 함유되어 있어 혈액을 깨끗이 하고 동맥경화 예방에 도움이 된다. 어류의 색소는 헤모글로빈, 미오글로빈, 시토크롬 등의 수용성 색소와 지용성의 카로티노이드로 분류된다. 붉은살 생선의 어육에는 헤모글로빈은 거의 없고 미오글로빈이 대부분이며 카로티노이드는 연어·송어 등의 어육에 존재하며, 새우나 게 등의 갑각류의 붉은색 성분이기도 하다.
어류는 주로 조림, 구이, 찌개, 튀김, 생선회, 건어물 등의 조리법을 활용한다.

Styling Point

가열된 후에 나타나는 갑각류의 붉은 색소 성분과 빨간 그릇에서 일체감을 느낄 수 있고 배경을 하얏과 빨강으로 나눠 강렬한 대비효과를 준 스타일링이다.

Styling Point

흰 완두콩 샐러드와 라임 드레싱을 곁들인 도미찜으로 도미의 배 속에 레몬 조각을 채워 비린내 제거와 노랑의 강조색을 주고 빨간 도미 껍질 위에 각종 푸른 허브를 올려 보색 효과로 강조를 하였다. 파란 바탕이 바다를 연상케 하며 접시 위의 도미와 종지, 젓가락의 구도가 재미있다.

Styling Point

짙고 연한 붉은색이 전체적인 분위기를 정열적으로 잘 표현하고 있다.
그릇의 다 보여주는 것이 아니라 두 개의 둥근 그릇을 한쪽만이 보이게 구성함으로써 스타일링에 재미를 주었다. 녹색 야채를 가니시로 올려 강조색을 주었으나 양이 너무 적은 것이 아쉽다

Yellow Food - Yellow / Orange / Brown

색의 특징 및 속성

노란색 음식들은 해독작용을 하는데, 특히 간장, 쓸개, 췌장, 비장 등에 좋다. 이들 음식 대부분은 약산성이기 때문에 소화기 계통이 원활하게 한다. 또한 신경 계통을 활발하게 하며 뇌의 기능을 활성화시킨다.

노랑 Yellow

태양의 금빛 노랑은 빛나는 생명력을 상징하는 색이다. 그것은 지성이 강화된 활력을 나타낸다. 그래서 노랑 에너지를 많이 가진 사람은 새로운 아이디어를 찾는 데 열성이고, 그것들을 다른 이들에게 전할 수 있다. 또한 행복하고 명랑하며 긍정적인 견해를 가지고 열심히 일상에 임한다. 긍정적인 사고를 하는 덕분에 건강을 유지하고 방어력을 방출하게 되는 것이다.

금색과 노랑 음식은 따뜻하고 즐거운 분위기를 내며 신맛과 달콤한 맛을 동시에 느끼게 하여 식욕을 촉진시키며 시각적으로 음식의 맛을 향상시키는 역할을 한다. 정신을 고양시키고 긍정적이고도 행복한 태도를 함양하고 좋은 유머감각을 북돋우는 데 도움이 된다. 또한 신경계를 고양하고 뇌에 영양을 공급함으로써 정신 기능을 고무하고, 기억력을 증진시키는 데 도움을 준다.

보리, 현미, 노란색 렌즈콩, 씨앗, 배, 바나나, 파인애플, 멜론, 그레이프푸르트, 버터, 옥수수, 식물성 기름, 꿀, 유자

주황 Orange

주황은 달콤한 맛과 부드러운 맛을 강하게 느끼게 하며, 깊이가 있는 색으로 깊은 맛을 느끼게 한다. 특히 식욕을 돋우고 소화를 촉진하는 데 좋다. 주황 에너지가 풍부한 사람은 식욕이 왕성하고 소화력도 좋고 면역체계 역시 강하다.

오렌지, 망고, 파파야, 살구, 복숭아, 당근, 호박, 순무, 달걀 노른자, 생강, 귤, 감, 멍게, 미더덕

갈색 Brown

맛이 가장 강하며 향도 진한 색이다. 조리된 음식의 색으로 색이 진할수록 칼로리도 높고 맛도 진하다.

밤, 식빵

콩

고대 중국에서 재배되기 시작하였고 간장, 된장, 두부 등의 전통식품으로 우리나라의 식생활과 밀접한 식품이지만 현재는 미국이 전 세계 소비량의 80% 이상을 생산하고 있다.

콩은 '밭에서 나는 고기'라고 할 정도로 단백질과 지방이 풍부하며 구성 아미노산도 육류에 뒤지지 않는다. 콩의 지방에는 리놀산과 리놀레인산이 들어 있으며 이들 불포화지방산은 콜레스테롤 수치를 낮추는 역할을 한다. 비타민 B군이 특히 많고 비타민 A와 비타민 D도 들어 있으나 비타민 C는 거의 없다. 콩기름(식용유)에는 비타민 E가 들어 있어 미용과 노화방지에도 효과가 있으며 심장병, 동맥경화, 고혈압을 예방할 수 있다.

날콩은 비린내가 나며 혈구응집작용이 있는 소인과 소화효소 트립신의 작용을 방해하는 트립신 저해인자(trypsin inhibitor)가 있어 소화가 안되므로 익혀 먹어야 한다. 또한 콩에는 배당체로 사포닌이 소량 존재하며 라이신, 알기닌, 글루타민산 등의 아미노산들은 정자의 생성을 촉진시켜 스태미너 증강 식품으로도 알려져 있다.

레시틴, 사포닌, 이소플라본 등 대두에 함유된 성분이 혈액을 깨끗이 하는 데 도움이 되며, 특히 이소플라본은 여성호르몬 에스트로겐과 유사한 작용을 함으로써 혈액 속에 불필요한 중성지방이 혈관에 침착되는 것을 막는다.

콩의 가공품으로는 간장, 된장, 청국장, 두부, 두유, 콩가루와 더불어 콩단백질로 만든 인조육이 만두속이나 채식주의자들의 고기대용품으로 각광받고 있다.

Styling Point

대두를 갈아 만든 콩국 스파게티와 연두부 샐러드. 하얀의 콩국수를 잘 보이게 하기 위해 파란색의 접시를 사용하고 유사색상을 이용하여 연두 배경을 이용하여 연출하였다. 매트 대신 같은 색의 책을 이용하여 색다른 느낌을 연출하였다.

Styling Point

콩나물 두부 스프링롤. 하얀 접시를 여러 겹 쌓아 단조로움을 피하고 간장 소스를 자연스럽게 흘려 놓았다. 스프링롤을 꼬지에 꽂아 한줄로 세워놓아 재미있게 연출하였다.

Styling Point

콩을 이용하여 만든 두부 샐러드. 두부의 속을 파낸 후에 두부를 통째로 노릇하게 튀겨 낸 후에 그 안에 빨간 토마토와 녹색의 치커리를 담아 빨강, 노랑, 초록의 조화를 표현하였다.

호박

박과에 속하는 식물 중 가장 영양가가 높으며 동인도가 원산지로 건조한 기후면 어디든 잘 자라 세계적으로 널리 생산되고 있다. 종류도 많지만 우리나라에서는 재래종(만생종)과 서울애호박(조생종) 등이 재배되고 임진왜란 이후에 중국과 일본에서 들어왔으며 승려들이 주로 먹어 '승소'라고도 한다.

호박의 황색 색소는 카로티노이드이며 프로비타민 A(provitamin A)인 카로틴의 전구체 형태로 섭취하면 체내에서 비타민 A로 전환된다. 당 성분은 소화흡수가 잘 되기 때문에 위장이 약하고 마른 사람 또는 회복기 환자에게 좋으며 산후에 부기를 뺄 때도 이용되어왔다.

가장 효과적인 조리법은 기름으로 조리하는 방법으로 지용성 비타민의 흡수를 높일 수 있기 때문이다. 저장성이 좋은 늙은호박, 호박고지, 호박씨 등을 요리에 이용하며 호박꿀조림이나 호박죽 등이 그 예이다.

Styling Point

늙은 호박물. 늙은 호박의 속을 파내어 호박 속에 대추와 인삼, 꿀, 물을 넣고 푹 쪄 낸다음 호박의 윗부분을 잘 도려내어 뚜껑을 만들어 연출하였다. 호박과 같은 색의 광목천을 호박에 둘러 스타일링하였다.

Styling Point

미니 호박을 반으로 갈라 속을 파낸 후 오븐에 구웠다. 구운 느낌을 더 잘 살리기 위해 오븐용 접시에 담고 빨간 냅킨으로 식감을 살렸다. 특이한 모양의 국자로 포인트를 주었다.

Styling Point

호박 파이로 할로윈 데이를 연상케 한다. 배경의 나무와 호박이 잘 어울리며 낡은 듯한 느낌의 바탕이 한층 더 자연스러움을 더한다.

꿀

꿀은 인류가 가장 오래 전부터 이용해 온 천연감미료이다. 아카시아꿀, 싸리꿀, 밤꿀, 메밀꿀, 잡화꿀 등 꽃에 따른 종류가 다양하여 색깔과 맛이 다르다.
벌꿀의 주성분은 당으로 대부분이 과당과 포도당이며, 소량의 단백질, 회분, 비타민 B군, 개미산, 젖산, 사과산, 색소방향물질, 고무질, 왁스, 효소 등을 포함한다. 꿀은 알칼리성 식품으로 초기의 경증 당뇨환자에게 권장되는데 이는 벌꿀의 과당이 다른 당분의 흡수를 지연시키고 흡수된 당을 빨리 소비시켜 혈당의 상승을 막기 때문이다. 또한 꿀은 위장강화, 피로회복, 피부미용, 조혈, 변비 등의 효능을 가지는 것으로 알려져 있다.

Styling Point

허니컴과 과일 샐러드. 달콤한 꿀을 표현하기 위해 노랑 계열을 이용하였으며 일반 컵이 아닌 아이스크림 컵을 이용하여 멋스러움을 표현했다.

Styling Point

허니컴 한 조각을 잘라 겹쳐 표현하고 칼에 자른 느낌을 그대로 살려 자연스럽게 연출하였다. 위쪽에 글씨가 들어갈 부분을 염두에 두어 배경을 밝게 표현하였다.

Styling Point

여러 종류의 꿀을 다양한 크기의 그릇에 담아 스타일링했다. 톱 앵글(top angle)로 촬영하여 재미를 주었으며 허니봉과 소품을 이용하여 직선과 원의 조화로운 디자인을 하였다.

바나나

파초과에 속하는 다년초로 인도가 원산으로 알려져 있고 열대, 아열대 지방에 야생하거나 재배된다. 미숙한 것을 수입해서 그대로 익히거나 훈증을 해서 후숙시킨 것이 시판된다. 과육의 노란색 성분은 카로틴과 크산토필류이며 바나나 특유의 향기는 초산에틸이나 초산이소아밀 등의 에스테르류와 알코올류에 의한 것이다.

바나나는 과일 중에 가장 칼로리가 높고 당질이 많은 알칼리성 식품이다. 미숙바나나의 탄수화물은 대부분 녹말인 데 반해 후숙되면 녹말이 당화되어 과당, 포도당, 자당 등으로 변하며 유기산은 소량이어서 신맛은 없다. 바나나의 당질은 소화흡수가 잘 되므로 위장장애나 설사환자에게 좋으며 지방과 나트륨이 적어 심장병, 신장병, 간경병 등의 환자도 안심하고 먹을 수 있다.

가장 맛이 좋을 때는 껍질이 갈색 반점이 한두 개씩 나타났을 때이며 15℃ 가량에서 보관할 것을 권장하되 냉장보관은 저온장해를 일으키므로 피한다. 가공품으로는 바나나퓨레, 바나나플레이크, 바나나우유, 건조바나나 등이 있다. 클로로겐산과 폴리페놀 물질이 사과에서처럼 효소적 갈변을 일으키므로 가공 또는 조리 시 아황산염 용액이나 비타민 C 용액을 사용해야 갈변을 막을 수 있다.

Styling Point

바나나를 그냥 숭덩숭덩 썰기보다는 이색적으로 가로로 잘라 마카다미아를 다져 뿌렸다. 황금색의 시럽이 바나나색과 잘 조화를 이루고 있다.

Styling Point

파스텔 톤의 식기에 노란색의 푸딩이 담겨지면서 녹색의 허브잎들로 포인트를 주었다. 앞에는 작은 크기의 컵을 놓고 뒤에는 크고 넓은 그릇을 놓음으로써 안정된 구조를 이루었으며 배경의 파란색도 2가지 톤을 사용하여 단조로움을 피했다.

Styling Point

튀긴 바나나의 노란색이 파스텔 톤의 보라와 파란색에 의해 더욱 선명하게 보인다. 튀긴 음식을 그릇에 직접 놓는 것보다 소면을 튀겨서 깔아 놓으면 재미있는 스타일링이 된다.

파인애플

아나나스과에 속하는 상록 초본의 열매로 열대와 아열대 지방에서 널리 재배하고 우리나라에서도 일부 재배된다. 당은 주로 자당이며, 과당과 포도당도 들어 있다.
파인애플 특유의 노란색은 카로틴계 색소에 의한 것이며 새콤한 맛은 구연산과 사과산 때문이고 좋은 향기는 초산에틸을 비롯한 여러 가지 에스테르와 알코올류에서 나온다.
특히 파인애플에는 '브로멜린'이라는 단백질 분해효소가 들어 있어 육류의 연육제로 쓰이며 고기를 먹은 뒤의 후식으로 좋으며 비교적 칼슘의 함량도 높은 편이다. 가공품으로는 통조림, 주스, 건조 파인애플 등이 있다.

Styling Point

중국식 파인애플 볶음밥. 파인애플 과육을 파낸 그릇 모양에 여러 가지 색의 야채와 밥을 함께 볶은 후에 담아 연출한다. 볶음밥을 바로 담으면 같은 노란색 계열이기 때문에 잘 안 보일 수 있으므로 종이를 깔고 담아준다. 커틀러리를 파인애플에 세워주어 색다르게 연출하였다.

Styling Point

골든 파인애플 그라니타. 그라니타란 샤베트와 유사하나 약간 농도가 묽은 것을 말하는 것으로 파인애플을 갈아서 만든 음료이다. 파인애플을 표현하기 위해 작게 잘라 가니시를 하고 각도가 다른 컵을 이용하여 변화를 주어 스타일링하였다.

Styling Point

케이크 위에 파인애플로 가니시를 한 것으로 달콤함을 표현하기 위해 빨간색을 바탕으로 하였다.

고구마

콜럼버스가 미 대륙을 발견했을 때 처음으로 가지고 간 것 중의 하나가 고구마로 중남미가 원산지이지만 세계 생산량의 80%가 아시아에서 생산되고 있다.

노란 빛깔이 강할수록 비타민 A의 함량이 많고 알칼리성 식품으로 특히 칼륨 성분이 많다. 칼륨은 나트륨의 수치를 낮추는 역할을 하므로 고혈압, 신장병 등의 환자에게 유리할 수 있으나 정상인에 있어서는 나트륨 수치가 오히려 낮아질 수 있으므로 김치를 곁들여 먹는 방법은 좋은 음식궁합이라고 할 수 있다.

또한 고구마에는 섬유질과 아마이드 성분이 많아 대장내 세균의 번식을 도와주므로 대장 내 음식물의 발효에 의한 가스 발생이 과도하게 일어날 수 있다. 단맛 성분은 설탕과 포도당, 과당에 의한 것이며 높은 열량을 냄으로써 비만이나 당뇨환자는 조심하되 청소년에게는 적당한 간식으로 권할 수 있다. 특히 날고구마를 잘랐을 때 나오는 하얀 진은 수지 배당체인 '얄라핀'으로 변통을 좋게 한다.

수확 적기는 땅의 온도가 4℃ 이하로 내려가기 전, 즉 서리가 내리기 전이며 30~35℃, 습도 90% 이상인 방에다 4~6시간 둔 다음 10℃에서 보관하는 큐어링법으로 보관하면 오래 저장할 수 있다.

고구마는 생으로 또는 익혀서 먹으며 가공용으로는 알코올이나 소주 및 당면을 만드는데 이용된다.

Styling Point

고구마와 김치로 만든 밥으로 조금 낡은 듯한 냄비에 밥을 담고 고구마밥임을 보여주기 위해 고구마 크기를 조금 크게 연출하였다. 마지막에 녹색의 실파를 가니시로 뿌려주었다.

Styling Point

고구마 스낵으로 고구마를 얇게 썰어 오븐에 구워 스낵을 만든 후 색이 다른 컵에 설탕을 넣고 고구마를 꽂아 연출하였다. 진한 주황의 배경이 고구마를 더욱 맛있게 살려준다.

Styling Point

고구마 샐러드로 고구마의 노란색과 소품인 체스 케이스의 색이 어울려 고급스러운 느낌을 준다. 허브로 장식을 하여 포인트를 주었다.

시트러스류

귤은 동남아시아와 중국이 원산지로 운향과에 속하는 상록수이며 오렌지, 네이블, 하귤, 팔삭, 금감, 온주밀감 등이 있다. 비타민 C와 구연산이 풍부한 알칼리성 식품으로 감기 예방에 효과가 있으며 피로회복과 피부미용에도 좋다. 특히 헤스페리딘이라는 비타민 P 성분이 있어 혈관의 침투성을 조절하여 동맥경화와 고혈압에 효과가 있다. 잼이나 마말레이드로 가공하며 껍질은 진피라 하여 한방에서 약재로 쓴다.
레몬은 히말라야가 원산지로 이탈리아, 에스파냐, 미국의 캘리포니아 및 오스트레일리아 등에서 많이 재배되는데, 지중해 연안에서 재배되는 것이 가장 품질이 좋다. 열매는 타원 모양으로 완전히 익기 전 껍질이 녹색일 때 수확하여 노란색으로 익혀 이용한다. 비타민 C와 구연산이 많기 때문에 신맛이 강하다.
과피에서 레몬유(油)를 짜서 음료·향수 및 레모네이드의 원료로 사용하고, 과즙은 음료·식초·화장품의 원료로 사용하며 과자를 만들 때 향료로도 쓰인다. 과피는 설탕에 절여서 캔디를 만들고 또 이것을 잘게 잘라서 케이크를 장식할 때 사용한다. 과즙에 설탕을 넣고 조려 젤리를 만들고 여기에 과육을 섞어서 마말레이드를 만들기도 한다. 또한 생으로 절단하여 홍차에 또는 잡냄새나 생선 비린내 제거 및 산뜻한 신맛을 낼 때 곁들여 사용한다.

Styling Point

오렌지를 얇게 슬라이스하여 재미있게 연출하였다. 떨어질 것 같은 긴장감이 있는 스타일링이다.

Styling Point

잎이 달려 있는 오렌지가 신선함을 더해 준다. 오렌지를 잘라 속을 파낸 후 안에 셔벗을 넣고 뚜껑을 덮어 연출하였다.

Styling Point

오렌지를 보색인 파란색 접시에 담아 색을 강조한 스타일링. 재료 몇 개는 종이에 포장하여 담아 재미를 더해 주었다.

당근

유럽, 아프리카, 북부 소아시아가 원산지인 미나리과에 속하는 1~2년초로 우리나라에는 당나라에서 도입되어 당근이라고 불렸다.

당근의 붉거나 노란 색소는 카로틴인데 색이 짙은 당근에 더 많이 들어 있고 비타민 A로 환산하면 동물의 간에 들어 있는 양과 비슷하며 지용성이므로 기름을 사용한 요리법이 적당하다. 당근은 피부를 부드럽게 하고 야맹증, 홍역, 빈혈, 저혈압 등에 좋으며 칼슘이 많은 알칼리성 식품이다.

그러나 당근에는 비타민 C 산화효소가 들어 있어 다른 채소와 함께 자르거나 주스를 만들면 다른 채소나 과일 안의 비타민 C가 파괴되므로 주의한다.

Styling Point

같은 당근이라도 크기가 다른 당근으로 연출하였는데, 한 개는 썰어 늘어놓아 다른 재미를 주었다.

Styling Point

당근 케이크로 아이들을 위한 케이크를 만들 때 당근을 이용하여 만들면 아이들에게도 좋다. 마지팬(mazipan)으로 만든 미니 당근이 돋보이는 케이크로 하양의 크림 위에 오렌지색과 녹색이 잘 조화를 이루며 자연스럽게 올려놓은 당근 마지팬이 밭에서 방금 뽑아낸 듯한 재미있는 느낌을 준다.

Styling Point

우리나라에서는 흔히 볼 수는 없지만 여러 가지 색의 당근을 이용한 스타일링이다. 당근의 줄기 부분을 살려 색의 조화를 이루어 연출하였다.

카레

인도의 전통 양념으로 터메릭, 카르다몸, 정향, 계피, 후추, 샤프란, 로즈마리, 아니스, 월계수, 캐러웨이 등을 혼합해 만든 가루의 일종인 '마샬라'에서 유래되었다. 인스턴트식 카레가루는 인도에는 없고 영국인이 개발한 것을 일본인이 개량한 것으로 추정된다. 카레에 함유된 쿠르쿠민(curcumin)이란 화합물은 체내에서 종양 성장 촉진 단백질의 생성을 억제한다는 연구 결과가 있다.

Styling Point

카레 꼬치. 인도음식인 카레를 에스닉 스타일(ethnic style)로 연출하였다. 긴 꼬치를 이용하여 여러 각도로 엇갈려 놓았으며 인도 느낌이 물씬 나는 소재와 소품을 사용하였다.

Styling Point

카레 야채 파이. 야채파이 반죽에 카레를 넣어 파이를 만들었다. 색감이 노르스름한 파이가 식감을 돋우어 준다. 파를 얇게 썰어 장식하여 포인트를 주었다.

Styling Point

카레밥으로 크게 썰어 놓은 감자가 먹음직스럽다. 마지막에 검정깨를 뿌려 줌으로써 포인트를 주었다. 가니시로 올라간 허브의 크기가 약간 작았으면 하는 아쉬움이 있다.

Green Food

색의 특징 및 속성

초록은 에너지의 조화를 이루는 색깔이므로 일상적으로 먹는 음식을 통해 섭취하는 것이 매우 중요하다. 초록의 음식들은 신체의 조화를 유지해 주며, 용해성 섬유질의 좋은 공급원이 된다. 녹즙은 피의 독소를 정화하고, 림프계의 기능을 돕는다. 또한 혈압을 안정시키고, 산과 알칼리의 농도를 조정한다.

초록 Green

신선한 야채나 과일을 연상시키며 밝은 초록은 신선함 때문에 상큼한 맛을, 어두운 초록은 쓴맛을 느끼게 된다. 초록이 노랑과 배색되면 신맛이, 갈색과 배색되면 텁텁하고 쓴맛이 연상된다. 몸을 알칼리성으로 만들어 주는 기능을 가진 녹색 야채와 식물은 거대한 천연 섬유질의 원천이다. 이것의 즙은 잠재적인 해로운 노폐물을 씻어냄으로써 몸을 정화하고 해독하는 작용을 한다. 초록 음식은 체내의 혈압과 산 및 알칼리 수준에 뛰어난 효과를 발휘한다. 부기를 가라앉히기 위해 초록 음식들을 먹을 때는 입으로만 먹는 것보다 눈으로도 먹어야 효과가 배가된다. 녹색 풀은 치유성을 가지고 있는 덕분에 수천 년 동안 사용되어 왔다.

부추, 청포도, 키위 열매, 무화과, 레몬, 라임, 완두콩, 양상추, 브로콜리, 오크라, 셀러리, 오이, 양배추, 서양호박, 꽃양배추, 올리브유, 페퍼민트

허브류

흔히 향신료라 하면 요리의 맛과 향을 내기 위하여 사용하는 것으로 식물의 채취 부위에 따라 스파이스와 허브로 나눌 수 있다. 허브는 식물의 잎, 꽃봉오리 등 비교적 부드러운 부분이며 스파이스는 씨, 줄기, 껍질, 과실의 핵 등 비교적 딱딱한 부분으로 스파이스가 허브보다 향이 강하다. 향신료는 한 음식에 여러 가지를 복합적으로 사용하는 것이 보통으로 향이 조화를 이루게 하는 것이 중요하며 사용하고 난 향신료는 밀폐된 용기에 넣어서 냉암소에 보관한다. 바질, 월계수잎, 셔빌, 차이브, 클로브, 딜, 마조람, 민트, 파슬리, 로즈마리, 타라곤, 타임 등이 있다.

Styling Point

허브 냉음료로 드링크와 디저트를 위하여 만든 허브 음료에 허브잎을 넣어 신선한 느낌을 살렸다. 빨대의 색을 달리하고 분홍의 줄무늬 천에 하늘색 식기를 놓아 발랄함을 연출하였다.

Styling Point

세이지 허브 쿠키(sage herb cookie)로 여성스러운 꽃무늬가 있는 접시와 녹색 바탕에 세이지 잎을 넣은 쿠키를 연출하였다.

Styling Point

여러 종류의 허브를 글자가 들어갈 수 있도록 월계관처럼 만들고 하늘색 마직물 위에 올려 스타일링하였다. 글자의 색이 좀 진했으면 하는 아쉬움이 있다.

녹차

차나무는 후피향나무과에 속하는 상록활엽관목으로 원산지는 중국으로 추정된다. 녹차의 종류는 옥로, 전차, 번차, 말차 등이 있는데 5월에 채취한 1번차는 질소분이 많고 7~8월에 채취한 2, 3번 차는 타닌과 카페인 등이 많다. 줄기나 가루가 안 섞인 것이 좋은 차이며 수분은 3~4% 정도이다.

차의 성분은 카페인, 테아닌, 타닌, 세키세놀과 특유의 향기 성분이다. 색소 성분으로는 엽록소와 카로티노이드이고 비타민 C가 다량 들어 있으며 열에 매우 안정하다. 카페인은 중추신경을 자극하여 피로회복, 호흡순환기 자극, 이뇨작용 등의 약리작용을 나타낸다. 녹차는 물의 질, 물의 온도, 다기 등에 따라 향과 맛이 달라지며 정성이 들어가야 하는 기호음료이다.

Styling Point

녹차 아이스크림과 녹차 쿠키. 그라데이션(gradation)으로 처리한 녹색 나무판에 녹차가루를 넣어 만든 쿠키와 아이스크림을 흰 종이에 올려 놓아 연출하였다.

Styling Point

녹차 메밀국수. 녹차를 넣어 뽑은 면을 둥글게 말아 얼음 위에 올리고 무와 와사비를 곁들여 시원함과 신선함을 강조하였다. 난색 계열의 노란색 배경으로 인해 차가운 이미지는 덜 나는 것이 흠이다.

Styling Point

녹차 주먹밥. 오이를 다지고 녹차가루를 밥에 섞어 주먹밥을 만든 다음 날치알을 올려 포인트를 주고 대나무발과 나무젓가락으로 자연스러움을 연출하였다.

브로콜리

원산지는 지중해 연안으로 콜리플라워의 원종이라고 추측되며 우리나라에서는 제주, 평창, 태백 등에서 재배된다. 녹색 야채로서 영양가가 높기 때문에 데쳐서 마요네즈에 버무려 샐러드를 만들어 먹거나 스튜, 그라탱에 넣어 먹기도 한다. 최근에는 항암효과와 위장보호 효과가 발표되면서 데쳐서 초고추장에 찍어 먹거나 수프로 만들어 먹는 등 그 소비가 증가하고 있다.

Styling Point

브로콜리 수프를 녹색 접시에 담아 브로콜리의 이미지를 살렸지만 하늘색의 배경이 어색해 보인다. 따뜻한 느낌이 나도록 주황이나 노란색으로 연출하였으면 더 좋았을 것이다.

Styling Point

당면을 튀겨 밑에 깔고 튀긴 브로콜리와 마늘을 올려 동일한 갈색 계열로 배경을 연출하였다.

Styling Point

여름철에 먹는 시원한 샐러드. 색깔별로 된 푸실리를 삶아 내고 양파, 토마토, 브로콜리는 데친 후 자연스럽게 연출하였다. 푸른색 유리 식기에 담아 청량감을 더욱 강조하였다.

올리브

원산지가 터키로 물푸레나무과에 속하며 자흑색으로 익은 핵과의 열매를 식용으로 한다. 블랙올리브와 스터프트 그린올리브의 가공품과 올리브유로 가공되어 판매되고 있다.

올리브유의 불포화지방산은 나쁜 콜레스테롤(LDL) 수치는 낮추고 좋은 콜레스테롤 수치(HDL)는 높이는 작용을 하며 비타민 E, 폴리페놀 성분의 항산화 작용으로 활성산소의 피해로부터 혈액과 혈관을 건강하게 지켜준다.

Styling Point

올리브 오일과 올리브 열매. 나무판을 자연스럽게 하얀으로 칠한 후 초록으로 올리브 오일이라고 쓴 다음, 페트리 접시(petridish)에 오일과 올리브를 담아 연출하였다.

Styling Point

올리브, 햄, 토마토, 피자 치즈를 올린 후 오븐에 살짝 구워낸 바게트를 나무 그릇에 담아 자연스러움을 강조하였다. 올리브 오일을 곁들이고 잔디밭과 숲을 연상케 하는 배경을 연출하였다.

Styling Point

그린올리브 치킨 볶음으로 초록과 블랙올리브, 토마토 페이스트를 구운 닭에 곁들였다. 식기에 담지 않고 프라이팬에 담아 초록을 배경으로 촬영하였다.

오이

박과에 속하는 1년초로 원산지가 인도이며 우리나라에 도입된 경로는 확실치 않다. 녹색의 미숙한 것은 씨가 있는 채로 먹으며, 노랗게 익은 황과는 노각이라 하여 식재료로 사용한다.
영양가는 아주 낮으나 칼륨의 함량이 높아 과잉의 나트륨을 체외로 배설시켜 몸을 맑게 하는 알칼리성 식품이다. 오이는 비타민과 무기질(회분)의 공급원이고 향미, 색깔, 씹히는 맛 등이 식사시 만족감을 준다. 오이의 쓴맛 성분은 쿠커비타신이며, 푸른색은 엽록소로 오이지나 소박이를 담그면 생성된 산에 의해 엽록소가 분해되어 갈색으로 된다. 이를 방지하기 위하여 황산구리를 사용하였으나 독성문제로 그 사용이 금지되었다. 오이는 이뇨나 위장병에 좋고 화장수로도 사용되었으며 주로 오이지, 오이장아찌, 소박이, 생채, 냉국, 오이샐러드 등으로 식탁에 활용되어 왔다.

Styling Point

찬 오이 크림 수프와 오이 스틱.
오이를 길게 잘라 칼집을 내어 재미난 스틱을 만든 후, 하양의 수프에 꽂아 단조로움을 피하였다. 연두 매트와 연두 스푼의 손잡이가 오이의 녹색을 뒷받침해 주며 차가운 수프를 강조하기 위해서 은은한 톤(Light tone)의 파란색을 배경으로 연출하였다.

Styling Point

세계 여러 나라의 오이들로 연한 연두에서 진한 초록 그리고 갖가지 모양과 크기의 오이를 프럽 스타일링(prop styling)하고 배경을 은은한 톤(Light tone)의 초록과 진한 톤(Strong tone)의 청색으로 연출하여 다이내믹하고 강한 느낌이 나도록 감각적으로 스타일링하였다.

Styling Point

오이와 연어를 포개 함께 말고 주황 연어와 대조되는 검은 캐비어를 올려 초록의 차이브로 장식하였다. 하양의 긴 접시 두 개를 겹쳐 사용했으며 바닥 배경을 내추럴한 파란 계열의 나무판으로 신선함을 강조하였다.

키위

키위는 원래 뉴질랜드의 나라새 이름으로 이 새와 비슷한 갈색 털로 덮여 있다 하여 붙여진 이름으로 '차이니즈 구즈베리'라고도 한다. 원산지는 중국 양자강 연안으로 '양도'라고도 하며 품질을 개량시켜 뉴질랜드의 특산품이 되었다. 냉장고에서 오래 저장 가능하며 후숙시켜서 먹어야 맛이 좋다.

키위는 비타민 C가 많이 들어 있으며 나트륨이 적고 칼륨이 많아 고혈압 예방에 효과가 있다. 또한 단백질 분해효소가 있어서 고기 먹은 뒤의 후식이나 연육제로 사용된다. 키위를 먹는 방법은 냉장고에서 차게 한 다음 가운데를 잘라 티스푼으로 떠먹는 것이 좋으며 겉껍질을 잘라 장식용으로 하고 프루츠 칵테일로도 활용한다.

Styling Point

탄산음료에 키위를 혼합하여 만든 음료로 검은 배경에 놓인 유리컵과 긴 숟가락 그리고 초록의 키위가 중후한 느낌을 주도록 연출하였다.

Styling Point

유리컵에 가득 담긴 키위 슬러시가 시원해 보인다. 키위와 같은 연두 스틱을 이용하였으며 컵 테두리에 동그랗게 자른 키위를 꽂아 예쁘게 연출하였다.

Styling Point

키위를 오븐에 구워 만든 칩을 글씨 있는 기름종이에 얹혀 갈색, 하양, 파란색이 적절히 조화를 이루도록 연출하였다.

시금치

서남아시아가 원산지로 유럽으로 전파되어 중국을 통해 우리나라와 일본에 전해졌으며 '파릉채', '적근채'라고도 한다. 여러 가지 비타민이 골고루 많이 들어 있어 강장 보혈 효과가 있는 채소로 비타민 A는 채소 중에서 가장 많다. 칼슘과 철분이 많아 발육기의 어린이와 임산부에게 좋고 사포닌과 섬유소가 있어 변비에 효과가 있으며 철과 엽산은 빈혈 예방에도 좋다. 유기산으로 수산, 사과산, 구연산 등이 함유되어 있는데 수산은 시금치의 과잉 섭취시 체내의 칼슘과 결합하여 수산칼슘으로 변한 후 신장과 요도에 결석을 형성하게 되므로 주의한다.

시금치를 데칠 때는 뚜껑을 열고 끓는 물에 소금을 넣은 후 살짝 데쳐야 휘발성 유기산은 날아가고 푸른 엽록소가 남아 예쁜 초록이 된다.

Styling Point

하양의 의자에 시금치를 나무상자에 담아 연출하고 분홍을 배경으로 하여 따뜻함과 건강함을 연출하였으나 다소 복잡해 보인다.

Styling Point

시금치 파스타와 구운 바게트에 크림 소스를 얹고 파슬리 가루를 자연스럽게 뿌려 연출하였다. 살짝살짝 보이는 녹색의 시금치 라비올리와 구운 바게트가 적절하게 조화를 이루고 있다.

Styling Point

시금치를 탁한 톤(Grayish tone)의 녹색 계열 배경에 자연스럽게 스타일링하고 실로 내추럴함을 강조하여 연출함으로써 안정감이 느껴진다.

완두콩

콩과에 속하는 식물로 중앙아시아와 중근동이 원산지로 꼬투리용종과 청실용종(그린피스) 그리고 완숙콩종이 있다. 꼬투리용은 풋콩 상태의 것을 그대로 채소로 이용하며 청실용은 완숙 전에 수확해서 밥에 놓아 먹거나 병통조림으로 한다. 완숙콩은 녹색콩과 다갈색콩으로 볶거나 기름에 튀겨 먹기도 하고 잡곡으로 이용하기도 한다. 완두는 콩보다 맛이 좋고 질좋은 단백질 공급원으로 혼식용으로 장려된다.

성장을 촉진하고 정자를 만드는 아미노산인 라이신과 아르기닌이 많으며 비타민 B_1, B_6, 비오틴, 콜린, 엽록소 등이 풍부하다. 특히 콜레스테롤 대사에 관여하고 부족되면 간경변을 유발하는 '콜린'이 다량 함유되어 있으며 한방에서는 설사치료제로도 이용한다.

Styling Point

아침식사로 완두 수프와 빵을 준비하고 연두색을 살리기 위해 하얀 식기를 사용하였다. 자연스러움을 강조하기 위해 자연광(day light)을 활용하였다.

Styling Point

새우, 양파, 완두를 이용한 샐러드. 컵과 배경을 완두콩색과 통일시켜 녹색 계열을 사용하였고 붉은 색의 새우로 인해 완두의 녹색이 두드러지고 있다.

Styling Point

오이, 완두 냉수프에 곁들인 솔트스틱으로 초록과 하양으로 통일시킨 스타일링과 크기가 다른 두 개의 유리컵을 사용하여 정적인 스타일링을 연출하였다.

White Food

색의 특징 및 속성

담백한 맛과 짠맛을 느끼게 한다. 하양을 배경으로 음식을 담으면 음식의 색을 원색으로 반사시켜 식욕을 느끼게 만든다. 특히 하양은 깨끗하고 위생적인 느낌을 주므로 붉은 계통의 색과 더불어 음식점의 실내장식에 적합하다.

흰 식품 재료는 우리의 주요한 에너지원이며, 심신의 안정에 빠뜨릴 수 없는 식품 재료이다. 화이트의 식품은 모두 식품의 베이스가 되어, 심신을 함께 정화해, 자기 치유력을 높이는 효과가 있어 두부나 두유 같은 콩류 음식은 집중력과 학습의욕을 높여주는 효과까지 있다.

두부, 두유, 콜리플라워, 무, 콩나물, 요구르트

마늘

중앙아시아가 원산지인 백합과의 식물로 서구보다는 동양에서 많이 재배되고 주로 섭취된다. 마늘은 스태미너를 돕는 강장제로 살균, 정장, 각기, 백일해, 폐결핵 등에 효과가 있다.
마늘에 든 황화알릴류는 소독약인 석탄산보다 살균력이 더 강하다. 마늘 냄새의 주성분은 디알릴설파이드를 비롯한 황화합물이며 매운맛은 '알린'이 알리나아제에 의해 분해되어 '알리신'으로 변한 성분이다. 특히 알리신은 밥을 주식으로 하는 경우에는 가장 필요한 비타민인 비타민 B_1의 흡수를 도와주는 유효성분이기도 하다. 이러한 효과 외에도 마늘은 향신료로서 잡냄새와 맛을 없애주고 김치에는 필수불가결한 재료이다.

Styling Point

구운 마늘. 어두운 식기에 놓고 위에서 촬영하였다. 구운 마늘 스타일링이라 해도 색다르게 연출할 수 있다는 것을 알 수 있다.

Styling Point

구운 마늘. 녹색 계열의 채소는 없으나 마늘을 하양 도자기에 담아 깔끔하면서도 자연스럽게 연출하였다.

Styling Point

구운 마늘 샐러드와 갈릭 크림치즈 드레싱. 오븐에 구운 마늘을 치커리와 양상추 등을 깔아 놓고 치즈 드레싱과 함께 곁들였다. 나무 배경과 나무 재질의 그릇이 자연의 느낌을 그대로 전하고 있다.

양파

페르시아와 이란이 원산지인 백합과에 속하는 식물로 비늘줄기가 발달된 것을 섭취하며 우리나라에는 개화기 이후에 들어왔다. 둥근파(옥파)라고도 하며 하양, 노란색, 붉은색이 있고 단 양파(mild onion)와 매운 양파(strong onion)로 분류된다.

향기성분은 황화수소, 머캅탄, 알코올류, 디설파이드, 트리설파이드, 알데히드 등이며 당질로는 포도당, 설탕, 과당, 맥아당이 많아 단맛이 강하다. 마늘처럼 알린이 알리신으로 된 후 비타민 B_1과 결합하여 알릴티아민으로 변하여 장의 세균에 의해서도 파괴되지 않는 비타민 B_1이 된다. 양파 샐러드나 양파 수프는 양파가 다른 채소의 비타민 B_1의 흡수율을 높이므로 신진대사를 높이는 요리로 추천된다.

양파의 껍질 색소로는 '퀘르세틴'이 있어서 지방의 산패를 막고 고혈압을 예방하며, 날양파를 먹고 난 뒤의 냄새는 신맛이 강한 과일이나 식초를 먹으면 없어진다. 양파는 냄새가 약하고 단맛이 있어 날것으로 먹거나 튀김으로 먹으며, 생선이나 고기의 냄새를 없애기 위해 사용된다. 최근에는 분말로 가공한 제품을 사용하기도 하며 햄, 소시지, 분말스프 등에 사용된다.

Styling Point

양파 피클. 하양의 양파와 그릇, 하얀 테이블 클로스가 피클액과 허브들에 의해 돋보인다.

Styling Point

튀긴 양파 링. 하양으로 처리된 맑은 톤(Pale tone)이 깔끔함을 연출한다.

Styling Point

프럽 스타일링(prop styling)으로 연출된 양파. 비늘 껍질 식물의 특성을 잘 살려 주황 껍질과 하얀 속이 대조를 이루게 하고 흐릿한 톤(Light grayish tone)을 배경으로 써서 전체적으로 튀지 않는 안정감 있는 스타일링을 했다.

우유

완전 영양식품으로 단백질은 사람에게 꼭 필요한 8가지 필수아미노산을 모두 가지고 있고 지방은 미립자로 잘 유화되어 소화 흡수가 잘 된다. 탄수화물은 주로 유당의 형태이며 유당이 분해되어 생기는 갈락토오스는 뇌조직의 발달에 반드시 필요한 물질이다. 비타민 B_2가 들어 있어 형광의 아이보리색을 띤다. 상업적으로는 초고온 살균법(UHT), 고온단시간 살균법(HTST), 저온장시간 살균법(LTLT)으로 제조된다. 완전멸균우유는 유통기한은 연장되나 영양소의 파괴가 많다. 동양인 중 성인에게 주로 나타나는 '유당불내증'은 유제품을 조금씩 섭취하여 그 양을 늘려가면 호전되는 경우가 많다.

Styling Point

복고풍의 유리병에 담은 우유를 클로스업(close-up)하여 표현하였다. 흰우유와 유리병에 빨간 글씨가 강조되어 보여 우유임을 확인시켜 준다.

Styling Point

우유와 플레인 요구르트를 각각 담고 플레이크에 곁들여 신선함을 연출하였다. 전체적으로 깨끗한 느낌의 하양을 주조색으로, 녹색은 강조색으로 사용하여 유제품의 이미지를 잘 살려주었다.

Styling Point

우유에서 갓 만들어낸 맛있는 요구르트를 병에 담아 신선함을 표현하면서 다른 장식 없이 심플하게 스타일링함으로써 우유의 순수성을 강조하였다.

감자

남미의 안데스 산맥의 잉카족이 재배하여 16세기에 유럽으로 건너갔으며 중국을 거쳐 우리나라에 들어왔다. 육식을 주로 하는 나라에서 매 식사마다 오르는 식품으로 프랑스는 튀겨서, 영국과 유럽은 삶아서, 미국은 다채로운 요리법으로 섭취한다. 감자는 녹말이 주성분인 알칼리성 식품으로 담백하여 계속해서 먹어도 싫증나지 않는 대표적인 식품이다. 고구마보다 수분이 많으나 녹말과 당분은 적은 편이며, 감자의 싹에는 '솔라닌' 이라는 독소가 있으므로 잘라내고 조리해야 한다.
조리법으로는 찌든지 삶아서 버터나 소금을 찍어 먹거나 뜨거울 때 으깨서 우유, 설탕, 소금을 섞어 만든 매시포테이토 그리고 샐러드, 찌개, 크로켓, 포테토칩 등이 있다.

Styling Point

세이지(sage) 포테이토칩으로 목가적인 분위기를 연출하였다. 탁한 톤(Grayish tone)의 배경이 온화하며 편안한 느낌을 주고 그릇에 흰 종이를 깔아주어 노란색의 포테이토칩이 강조되게 하였다.

Styling Point

생감자의 하양 표면과 튀긴 감자의 노란색이 비교된다. 맑은 톤(Pale tone)의 파란색을 배경으로 하여 전체적으로 차분한 느낌을 준다.

Styling Point

감자의 프럽 스타일링(prop styling)으로 여러 종류의 감자를 거친 느낌의 마직에 조화시킴으로써 자연스러움을 강조하였고, 전체적으로 갈색 계열의 짙은 톤(Deep tone)을 사용하여 고풍스러운 느낌을 연출하였다.

쌀

쌀은 아시아인의 주식으로 세계 쌀 생산량의 대부분이 아시아에서 생산되고 있다. 멥쌀과 찹쌀이 있으며 멥쌀은 아밀로오스와 아밀로펙틴의 함량이 4 : 6 또는 3 : 7의 비율이고 찹쌀은 거의 아밀로펙틴으로 되어 있다. 베트남 및 인도네시아의 열대지방에서 생산되는 안남미는 끈기가 없는 장립종이며 우리나라와 일본에서 나는 쌀은 끈기와 윤기가 있는 단립종이다. 쌀의 β-전분은 밥이 되면 호화(α-전분)되어 소화와 흡수가 용이해진다.

쌀의 비타민류는 씻고 밥짓는 과정에서 상당량 손실되므로 비타민류 중 비타민 B_1을 넣은 강화미를 이용하는 나라도 있다. 리신 등의 부족한 아미노산을 보충하기 위하여 콩을 밥에 넣는 혼식을 장려한다.

Styling Point

하양의 쌀밥 그릇 위에 갖가지 새싹들을 얹은 새싹비빔밥으로 바닥은 밝은 톤(Pale tone)의 나무에 하늘색을 자연스럽게 터치함으로써 시원함과 깔끔함을 연출하였다. 일상적인 도자기 밥공기가 아닌 플라스틱의 꽃모양 용기에 사용하여 배경과의 조화를 이루었다.

Styling Point

밥을 이용한 생선초밥. 젓가락 위에 초밥을 배열하고 차탁처럼 보이는 나무접시에 생강, 와사비, 레몬을 곁들였다. 유리 종지에 곁들인 간장이 나무접시의 색과 겹친 것과 배경색이 신선한 맛을 느끼게 해줄 수 있는 색상이 아닌 것이 아쉽다.

Styling Point

주먹밥을 크기가 다르게 만들고 밥알이 눌리지 않게 한알한알 살렸다. 뷔페 상차림처럼 접시를 쌓은 것과 스트라이프 무늬의 붉은 천이 캐주얼한 느낌을 갖게 해 준다.

밀가루

밀의 원산지는 서아시아로 기독교가 유럽으로 전파되면서 재배지역이 확대되었다. 밀가루는 우수한 칼로리원 식품이다. 밀의 단백질은 글리아딘과 글루테닌으로 반죽하면 글루텐으로 되는데 글루텐의 함량에 따라 강력분(13~15%), 중력분(10~13%), 박력분(10% 미만)으로 나뉜다. 강력분은 제빵용으로, 중력분은 국수용으로, 박력분은 과자, 카스텔라, 케이크, 튀김옷용에 적합하다.

Styling Point

오래된 느낌의 손때 묻은 빵틀을 특이하게 포개어 놓았다. 중간중간에 충전재를 넣어 높이와 모양을 스타일링하고 밀가루를 진한 배경에 뿌려 자연스럽게 주제를 강조하였다.

Styling Point

프럽 스타일링(prop styling)으로 밀가루를 나이프로 깎아 계량하는 법을 연출하였다. 연한 톤(Very pale tone)의 푸른 접시 위에 놓아 밀가루가 깨끗하게 보이며 주변에 흘린 밀가루가 자연스럽게 연출되어 보인다.

Styling Point

제과 재료들. 밀가루, 계란, 우유 등의 제과 재료를 나무판에 잘 배치시키고 보라의 밝은 톤(Bright tone)의 용기와 붉은 체크 냅킨으로 포인트를 줘서 깨끗한 느낌을 연출하였다. 거품기와 계란껍질이 안정된 구도로 스타일링되었다.

인삼

인삼이라고 하면 한국 인삼, 즉 고려인삼을 뜻하고 한국이라면 인삼을 상상할 만큼 우리나라와 인삼은 불가분의 관계에 있다. 그러나 지금은 미국 인삼, 일본 죽절인삼, 중국의 삼칠인삼, 심지어는 시베리아 인삼 등에 밀려나고 있는 추세이나 이들 인삼과는 학명이 다른 종이다. 인삼은 *Panax ginseng* C. A. Meyer라는 학명을 갖는 오가피과에 속하는 다년생 식물로 북위 30도, 48도 지역의 우리나라, 중국, 소련 등이 자생지이다.

인삼이 함유하는 다당체와 사포닌 성분에 의한 약리작용은 불로장생, 자양강장으로 대표되며 원기회복, 해열, 할경핵작용, 간기능 강화, 지혈작용, 강심작용, 종양 치료 작용 등이 있다. 인삼은 수삼, 백삼, 피촌백삼, 홍삼, 곡삼, 당삼, 미산삼 등으로 시판되며 인삼차, 엑기스, 젤리 및 사탕, 정과, 캡슐이나 태블릿 등의 가공품이 있다.

Styling Point

인삼, 대추 조림을 여러 겹 겹친 네모난 양식기에 담아 신선함을 부여하였다. 분홍 바탕의 신세대 이미지로 모던하게 연출하였다.

Styling Point

인삼 넣은 영양밥을 토기로 된 식기에 담고 닭고기, 수삼 냉채 역시 토기접시에 담아 우리나라 고유의 음식답게 연출하고 나무결의 느낌이 나는 배경을 이용하여 자연스럽게 연출하였다.

Styling Point

인삼 삼계탕을 토기와 놋그릇, 놋수저로 세팅하여 전통 음식의 이미지를 살렸다.

흰살 생선

흰살 생선은 단백질의 질이 우수하고 지방함량이 적어 맛이 담백하며 소화성이 우수하여 비린 생선을 싫어하는 사람도 잘 먹는다. 대표적인 생선으로는 갈치, 대구, 넙치, 명태, 조기 등이 있다. 갈치는 은백색의 표피를 제거하고 갈치구이나 조림 등으로, 넙치는 회나 튀김용으로, 대구는 매운탕 또는 대구포로, 명태는 술국, 북어, 명란젓으로, 조기는 굴비구이나 젓갈 등으로 조리 또는 가공한다.

Styling Point

흰살 생선에 소금을 뿌려 바다 느낌이 들게 연출하였다. 그러나 생선 등살부분에는 소금을 뿌리지 않아 생선을 살짝 보여주고 주변에도 자연스럽게 흩뿌려 놓았다.

Styling Point

껍질색이 어두운 흰살 생선인 넙치를
오렌지 껍질과 녹색 라임과 함께
연출함으로써 탁함을 보완하고,
신선함을 연출하였다.

Styling Point

라임과 구운 생선을 푸른색의
부추 위에 올려 식감을 살렸다.

코코넛

원산지는 말레이시아를 비롯한 열대지방으로 야자과에 속하며 코코야자라고도 한다. 껍질 안쪽에 하얀 젤리 상태의 두터운 과육은 완전히 익으면 깎아 말려 과자의 재료로 사용하는데 이것을 코프라(copra)라고 한다. 코코넛의 지방은 식물성이면서도 포화지방산이기 때문에 동물성 유지에 속한다. 성숙과일의 코코넛우유는 열대건조지역의 중요한 음료수이기도 하다.

Styling Point

통 코코넛과 자른 코코넛을 이용한 프럽 스타일링(prop styling). 뒷배경은 오렌지 브라운 계열으로 바닥은 하양의 광택이 있는 아크릴 재질 바닥을 사용하여 자연스럽게 코코넛이 바닥에 반사되게 연출하였다.

Styling Point

코코넛 과육을 얹은 무스로 맑은 톤(Pale tone)의 하늘색을 하양과 조화시켜 깔끔하고 시원한 디저트를 연출하였다.

Styling Point

코코넛 셔벗과 코코넛 밀크. 코코넛은 껍질의 거친 느낌을 살리고 나무와 같은 자연소재를 받쳐 연출한 전형적인 스타일링이다.

치즈류

종류가 푸른곰팡이를 번식시켜 만든 것, 흰곰팡이를 피게 해서 만든 것, 단단해서 돌멩이로 쳐서 가루내어 먹는 것, 끈적끈적한 것 등 2천여 종이 넘는다. 천연치즈는 우유나 양젖을 굳혀서 일정한 시간 알맞은 온도에서 숙성시킨 것이고, 가공치즈는 두 가지 이상의 천연치즈를 혼합해서 가열하고 미생물과 효소의 작용을 정지시켜 맛을 조절하고 저장성을 좋게 만든 것이다. 연질치즈(soft cheese)로는 브리·카망베르·코티지·모차렐라·마스카포네·리코타 등이 있고, 반경질치즈(semi-soft cheese)로는 브릭·블루·페타 고르곤졸라·로크포르·하바티·문스터·그라나·빠다노·파미지아노-레지아노 등이 있으며, 경질치즈(firm cheese)로는 캉탈·에담·구다·에멘탈·그뤼에·미몰레트·몬테리잭·톰므·아펜젤러·보포르·체다·콜비 등이 있다.

치즈는 고열량 식품이면서 발효숙성 동안 단백질이 분해되어 맛도 좋고 소화도 잘 되어 술안주로 곁들이면 위를 보호하고 숙취 예방에 좋다. 비타민 A, B_1, B_2, 니아신과 칼슘이 풍부하고 우유 알레르기인 사람도 먹을 수 있는 영양식품이다.

치즈는 잘라내고 남은 부분은 랩으로 싸서 냉장보관하고 곰팡이가 생겼더라도 그 부분만 얇게 잘라내거나 행주로 닦아내고 사용하면 된다.

Styling Point

치즈 나이프, 하양의 면보, 잘라낸 치즈를 거친 질감의 고풍스러운 나무 테이블 위에 올려 놓아 자연스러운 느낌을 잘 살려주고 배경을 어둡게 사용하여 치즈의 깊고 강한 맛을 느끼게 하였다.

Styling Point

전통 이태리 요리, 샌드위치, 샐러드 등에 사용되는 모차렐라 치즈로 아주 옅은 하늘색을 배경으로 스타일링하여 순수한 느낌을 연출하였다.

Styling Point

치즈를 사각으로 자른 후에 나뭇잎 위에 얹어 놓아 자연스러운 느낌을 연출하였다.

Black Food - Black / Purple

색의 특징 및 속성

검정과 보라 계통의 음식들은 몸의 열을 가라앉히고 안정을 주는 효과가 있다. 숙면을 돕고, 뇌가 극도로 자극을 받아 흥분했을 때 진정작용을 한다. 또한 검정 계열 음식이 내뿜는 에너지는 뇌의 아래층에 위치한 송과선에 의해 영적이고 창의적인 신체 부위에 자양분을 공급하는 데 필요하다. 보라의 음식을 많이 섭취할수록 내면적 지식이나 직관력을 강화시킬 수 있다.

검정 Black

고급스럽고 모던한 분위기를 연출하나 쓴맛과 부패한 느낌을 주며 음식의 맛을 제대로 느낄 수 없게 한다. 검정은 자연 상태에서 모든 빛을 흡수하는 색이다. 빛은 곧 에너지이기 때문에 모든 빛의 형태를 받아들인 동물이나 식물이 다른 색깔보다 인간에게 많은 도움을 준다. 삼국통일의 위업을 달성한 신라의 화랑들은 검정깨를 포함한 7가지 곡식을 수련 중에 즐겨 먹었을 정도로 검정 식품의 역사는 길다. 건강하고 활력 있게 살고 싶은 사람들은 검정 식품을 애용하는 것이 좋다.

한방에서는 검정 식품을 다른 색의 식품보다 최고로 취급한다. 검정은 오행에서 물에 해당하며 계절로는 겨울이고 방향으로 보자면 북쪽을 상징하여 신장과 방광의 기운과 연결된다. 따라서 검정 식품은 신장의 기운을 향상시킨다.

검정깨, 흑미, 수박씨, 다시다, 블랙올리브

보라 Purple

신비롭고 독특한 느낌이 있지만 음식의 색으로는 포도나 블루베리같이 달콤한 맛이 연상되는 것이 아니라 쓴맛과 동시에 음식이 상한 느낌을 준다. 색상의 미각표정은 질감과 일체가 되어 매력을 더하여 가지나 포도의 색이 매력적인 것은 그 질감이 보라를 살려 주기 때문이다. 일상의 식생활에서 빨강, 갈색을 띤 식품에는 녹색 계통을 첨부하면 식욕을 촉진시킨다. 즉 토마토나 당근의 빨강은 녹색의 파슬리나 양상추에 의해 신선하게 보이는 효과가 있다.

포도, 가지, 서양자두, 붉은양파, 순무, 적채, 라디치오, 비트의 뿌리, 석류, 로제 와인

가지

인도가 원산지로 가지과에 속하는 일년초이며, 우리나라에서는 중국을 거쳐 오래 전에 도입된 것으로 추정된다. 영양적으로는 과채류 중 가장 영양가가 낮으며 고유의 빛깔이 시각적으로 식욕을 자극하므로 최근 컬러푸드 열풍과 함께 주목받는 식재료가 되었다. 가지의 색은 안토시안 계통의 나스닌(자주)과 히아신(적갈색)이 주성분으로 이들은 딜피니딘과 포도당이 결합한 배당체 형태로 존재한다. 가지의 변색을 방지하기 위해서 조상들은 명반이나 녹슨 못을 사용했다. 알루미늄과 철 성분이 안토시안 색소와 결합해서 가지 고유의 색깔을 유지하게 했던 것이다.

가지의 조리법은 기름 흡수를 잘하는 특성을 살려 튀기거나 볶아 먹는 것이 좋다. 날것으로 먹으면 혓바늘이 생긴다. 가지는 빛깔이 선명하고 윤이 나며 가지 꼭지의 흰 부분이 많은 것을 고른다.

Styling Point

가지 칩. 가지를 얇게 저며 튀긴 것으로 바닥의 노란색 배경과 가지의 속살 색이 잘 어울려 따뜻한 느낌을 준다. 보라 그라데이션(gradation) 그릇과 가지 껍질의 보라가 메인음식을 돋보이게 해준다.

Styling Point

토마토를 토핑하여 구운 가지. 토마토의 붉은 색과 가지의 보라가 하얀의 종이 위에서 더욱 선명해 보인다. 바탕의 분홍 위에 기름종이를 깔아주어 색을 연하게 표현함으로써 가지색을 더 돋보이게 하였다.

Styling Point

가지 튀김과 야채 볶음. 가지와 동일한 색상의 그릇과 냅킨 및 배경을 사용하여 편안한 느낌을 강조하였다. 단, 보라는 식욕을 감퇴시킬 수 있으므로 주의해야 한다.

검정깨

고소한 향기와 맛의 대명사인 참깨는 검정깨, 흰깨, 누런깨 등으로 나뉘며 이 중 검정깨는 '흑임자'라 하여 흰깨에 비해 섬유소와 칼슘이 더 많아 골다공증과 변비를 예방한다. 단백질은 글로불린이며 구성 아미노산 또한 우수하여 케라틴 성분은 탈모를 막아주고 머리카락과 피부를 윤택하게 해준다. 고소한 향기는 아미노산인 시스틴 성분이며 기름의 산화를 막아주는 비타민 E와 세사몰이 들어 있어 다른 지방에 비해 잘 산패되지 않는다. 뇌의 구성 성분인 레시틴은 신경을 많이 쓰거나 정신노동을 하는 사람들에게 도움이 되며 소화효소가 많고 지방질이 풍부하여 위장, 간장, 신장을 보호해준다. 참깨는 깨죽, 유밀과, 다식, 참기름 등에 사용되었으며 최근에는 검정깨를 이용한 음료도 출시되었다.

Styling Point

흑임자죽으로 음식의 색깔이 식감을 떨어뜨릴 수 있기 때문에 주황의 배경과 그릇을 사용하여 연출하였다.

Styling Point

오렌지 미소 소스를 곁들인 참깨를 얹은 연어와 포테이토 치즈 퐁듀. 미국적이면서 전통적인 맛을 주는 요리들을 빈공간 없이 배치한 것이 특징이다. 빨강, 노랑, 하양, 검정 등 많은 색상을 써 복잡해 보이나 서로 잘 조화되어 있다.

Styling Point

참깨 스틱. 굴곡 있게 잘라 구운 참깨 과자를 자유롭게 배치하고 배경은 유사 계열의 색을 쓰되 식기는 하양으로 깨끗함을 강조하였다.

검정콩

단백질과 식물성 지방, 비타민 B_1과 B_2, 니아신이 풍부하다. 노랑콩과 검정콩의 영양적 차이는 거의 없으나 노랑콩에 비해 항암, 노화억제 물질이 많으며 신장 계통의 대사촉진 및 해독작용 그리고 혈액순환을 촉진시킨다. 혈관을 튼튼하게 하여 고혈압과 동맥경화에도 좋고 뇌졸중과 치매를 예방한다.
검정콩 속에 함유된 사포닌 성분이 말초혈관의 혈액순환을 원활하게 해주기 때문에 여성호르몬 분비가 제대로 이루어지지 않아 나타나는 냉증, 불안초조, 골다공증 등의 증상을 예방해주며 백모나 탈모에도 효과적이다.

Styling Point

검정콩 강정. 잘 정리하여 일정한 크기대로 자른 강정보다는 자연스러움을 강조하였다. 하나의 덩어리로 보이기 쉬우므로 촬영 시 입체적으로 보이게 스타일링 하여야 한다.

Styling Point

검정콩 쇠머리 찰떡. 콩의 검정과 배경 및 컵의 노란 무늬가 대조되어 시선을 집중시키고 접시가 아닌 컵에 떡을 담아 새로움을 시도하였다.

Styling Point

검정콩 식초. 숟가락의 모양과 병의 모양이 어울리고 콩의 자연스러움이 바닥의 나무재질로 인해 잘 드러나고 있다.

표고 & 목이

버섯은 곰팡이의 한 종류로 독특한 향기와 맛이 있으며 동양인은 송이와 표고를, 서양인은 양송이를 즐긴다. 비타민 B_2와 비타민 D의 전구체인 에르고스테롤이 풍부하며 버섯의 독특한 감칠맛은 구아닐산에 기인한다. 특히 표고는 혈액의 콜레스테롤 수치를 낮추어 고혈압이나 심장병 환자에게 좋으며 항암 효과도 있다. 버섯은 칼로리가 없는 식품으로 조리시 독특한 향기를 살리기 위하여 양념을 적게 쓰고 열을 많이 가하지 않는 것이 좋다.

목이는 사람의 귀처럼 생긴 데서 붙여진 이름으로 흑목이와 백목이가 있다. 단백질, 지방, 칼슘, 비타민 A, B, C 등을 고르게 함유하고 있다.

Styling Point

거친 질감(texture)의 나무판에 흙이 묻어 있는 버섯을 그대로 살리고 클로즈업(close-up)하여 표현하였다.

Styling Point

육안으로는 자연 그대로의 송이처럼 보이나 인공조명을 사용한 버섯 스타일링으로 녹색의 솔잎과 솔밭 분위기를 자연스럽게 연출하였다. 계절상 구입이 어려운 경우에는 종종 인공적인 소품과 식재료를 사용해서 연출하는 경우도 있다.

Styling Point

표고 칵테일. 파티에서 애피타이저로 준비한 표고로 빨간 테이블클로스와 보라 접시 그리고 하양 냅킨과 그릇이 검은 표고를 고급스럽게 표현해 주었다.

코코아 & 초콜릿

초콜릿의 원료가 되는 카카오콩은 콜럼버스가 신대륙을 발견하면서 유럽에 전해졌으며 처음에는 코코아라는 음료로 소개되었고 대략 100여 년 전부터 초콜릿이 등장하였다. 코코아를 마시면 중추신경을 자극하여 말초혈관을 확장하고 혈액순환을 촉진시켜 피로를 풀리게 하는 '테오브로민' 성분 때문에 기분이 산뜻해진다.

코코아에는 단백질과 녹말이 들어 있고 소화성이 좋으며 칼슘, 철, 칼륨 등이 많은 알칼리성 식품으로 어린이나 노약자 또는 등산이나 심한 운동 후에 섭취하면 피로회복에 도움이 된다. 카카오콩의 지방 성분으로는 카카오버터를 만들어 식용과 제과용으로 사용한다.

Styling Point

초콜릿은 템퍼링(tempering)하는 작업이 매우 중요하다. 화이트, 다크, 밀크 초콜릿을 실버 스푼에 템퍼링하고 실버와 유사한 배경에 돋보이게 연출하였다.

Styling Point

초콜릿 트러플(chocolate truffle). 코코아를 바른 둥근 초콜릿 과자인 트러플을 완성품이 아닌 제조과정 자체를 연출함으로써 자연스러움을 표현하였다. 이때 코코아 파우더를 고루 잘 뿌려야 질감(texture)이 좋게 연출된다.

Styling Point

초콜릿 시럽을 곁들인 배 아이스크림. 파란 배경에 보라 식기에 세팅된 아이스크림에 초코 시럽을 위에서 부어 연출하였다. 매끈한 아이스크림 표면에 흘러내리는 초코 시럽이 시각적으로 미각을 자극하여 세련된 느낌을 준다.

블루베리 & 블랙베리

블랙베리는 나무딸기류로 검고 블루베리는 월귤나무류로 진달래과의 소관목으로 극지나 고산지대에서 자라며 콩알 크기의 야생열매를 채취해 이용한다. 블루베리에 들어 있는 색소 성분과 비타민 C 등은 항산작용으로 혈액을 맑게 해준다. 베리류 중 특히 혈액에 좋은 것은 블루베리와 블랙거렌트로 이들에는 안토시안이 다량으로 함유되어 있어 활성산소의 산화를 방지하고 동맥경화를 예방하는 데도 효과적이다.

Styling Point

블루베리 핫케이크. 메이플 시럽이 뿌려진 핫케이크에 블루베리를 뿌려 단조로움을 피하였다. 핫케이크의 노릇하게 구워진 갈색과 파란 배경이 잘 어울린다.

Styling Point

여러 가지 베리로 만든 파이.
블랙베리와 블루베리 외에 크랜베리,
스트로베리 등이 푸짐하게 얹힌
파이를 유리 접시에 담고 분홍 꽃무늬
냅킨을 사용하여 우아한 부분위기를
연출하였다. 파이를 돋보이게 하기
위해 음식색보다 연한 색의 배경을
사용하여 깔끔하게 연출하였다.

Styling Point

파란색을 배경으로 갓 구워낸 블루베리
머핀을 철망 위에서 식히는 듯한
느낌으로 연출하였다. 머핀을 먹음직
스럽게 표현하기 위해 반으로 가른 뒤
블루베리잼 등을 인위적으로 발라
식감을 살려주었다.

커피

18세기의 프랑스 외교관 탈레랑은 커피를 '악마와 같이 검고 지옥처럼 뜨겁고 천사와 같이 아름답고 사탕처럼 달콤한 것'이라고 찬미하였다. 우리나라에서는 1875년 러시아 공관으로 피신한 고종황제가 처음으로 커피를 마셨다고 한다.
커피는 동양의 차, 남미의 마데와 함께 세계의 3대 음료수에 속하며 꼭두서니과에 속하는 상록수인 커피나무의 열매이다. 원산지는 이디오피아로 먼 옛날 아라비아에 전래된 것으로 추정된다. 커피콩을 볶아서 분쇄하고 뜨거운 물로 우려낸 음료가 커피로 오늘날에는 인스턴트 커피가 대량으로 생산되고 있다. 커피의 카페인은 뇌나 근육의 자극제로 흥분제, 강심제, 이뇨제로 이용된다.

Styling Point

커피색과 유사한 색의 커피잔에 담은 에스프레소 커피와 신문이 도회적 느낌을 자아낸다.

Styling Point

갈색 계열의 너트와 나무의 자연스러움을 이용하여 연출한 커피 스타일링으로 뒷배경을 어둡게 하여 커피의 깊고 진한 맛을 표현했다.

Styling Point

모카 에스프레소. 초콜릿을 녹여 에스프레소 커피에 섞어 만든 커피이다. 흰 접시와 갈색의 에스프레소가 따뜻하고 온화한 느낌을 준다.

포도

원산지가 지중해와 소아시아 등지로 그 종류가 많으며 습기가 적은 프랑스를 중심으로 한 남유럽이 생산지이다. 포도당과 과당의 당질이 주성분으로 쉽게 소화흡수되어 피로회복에 좋다. 주석산, 사과산, 펙틴, 고무질, 이노시톨, 타닌 등이 장의 활동을 촉진시키고 해독하며 칼슘, 칼륨, 철 등의 무기질이 많은 알칼리성 식품이다. 자주색의 색소는 안토시아닌계의 에닌과 그 분해물인 에니딘이다.

건포도는 씨 없는 포도로 산미가 적은 품종으로 가공한 것이며 포도는 잼이나 젤리로 만들어 사시사철 맛볼 수 있다.

Styling Point

바닐라 크림과 꿀로 장식된 포도 디저트. 흰색과 보라를 조화시켜 깔끔한 느낌을 준다.

Styling Point

오븐에 구운 포도. 포도를 오븐에 구워 하얀 그릇에 깔끔하게 담고, 포도와 동일한 색상으로 배경과 매트를 연출함으로써 안정감과 통일감을 주었다.

Styling Point

홈메이드 분위기의 포도 이미지로 나무 위에 올린 냄비와 접시에 담긴 포도 조림이 목가적인 분위기를 연출한다.

포도주

포도주는 가장 오래된 술로 바카스신이 포도주 양조기술을 가르쳐 준 신화와 기독교에서의 '최후의 만찬' 등이 그 역사를 추측하게 한다. 포도주용 포도는 당질이 많고 유기산이 적은 것이 좋으며 프랑스를 중심으로 잘 발달되어 있다. 마시는 시간과 색깔에 따라 식사하기 전에 마시는 아페리티프, 생선요리에 어울리는 백포도주, 육류요리에 어울리는 적포도주, 식사 후에 마시는 디저트 와인, 분홍빛의 로제 와인, 아이스와인 등으로 그 종류도 다양하다. 프랑스의 AOC나 이탈리아의 DOC처럼 나라마다 고유의 품질관리 기준을 두고 있다. 양조연차라고 하는 빈티지(vintage)가 중요하여 날씨가 좋은 해에 양조된 포도주의 점수가 된다. 보통 알코올 농도는 12% 가량이며 적포도주의 폴리페놀성분 등이 혈액순환을 도와 심장병 예방효과와 스트레스를 풀어주는 효과가 있다. 저장 시에는 눕혀서 서늘하고 직사광선이 들지 않는 어두운 곳 또는 와인냉장고에 보관하며 백포도주는 5~7℃, 로제 와인 10℃, 적포도주는 15℃에서 가장 좋은 맛을 낸다.

Styling Point

와인에 가장 잘 어울리는 음식인 치즈와 치즈 스타일링에 효과적인 내추럴 컬러의 나무받침 그리고 코르크 마개를 이용하여 자연스러움을 돋보이게 연출하였으나 조금은 산만해 보이는 단점이 있다.

Styling Point

두껍게 슬라이스한 통밀빵과 구운 마늘에 곁들인 와인 한 잔. 전체적으로 따사로운 햇살의 갈색 계열이 안정감과 내추럴한 느낌을 주며 와인의 붉은 색이 돋보인다.

Styling Point

올리브 열매와 보르도 와인. 와인 톤이 주는 중후함과 나무받침의 느낌이 와인과 잘 어울리며 와인병과 와인잔에 반사된 헐레이션(halation)이 고급스러움과 세련됨을 연출해 준다.

HARMONY & FOOD STYLE

Part 3 배색을 이용한 푸드 스타일링

후광효과 Halo Effect

음식이 맛있다고 하는 것은 단순히 맛만 가지고 이루어지는 것이 아니며 시각적인 미에 의해서도 달라진다. 아름답게 담긴 음식은 먹는 사람의 눈을 즐겁게 해주면서 식욕을 불러일으킨다. 음식을 만드는 사람들은 먹음직스럽고 아름다운 음식을 만들고 싶어 하며 자신의 개성이 나타날 수 있는 독특한 어떤 것을 맛과 함께 표현하고자 한다. 음식을 정성껏 만들고 가장 마지막에 하는 작업은 그릇에 음식을 담는 일이다. 음식을 먹기 쉽고 집기 쉬우며, 그릇과의 조화를 고려하여 배치해야 한다.

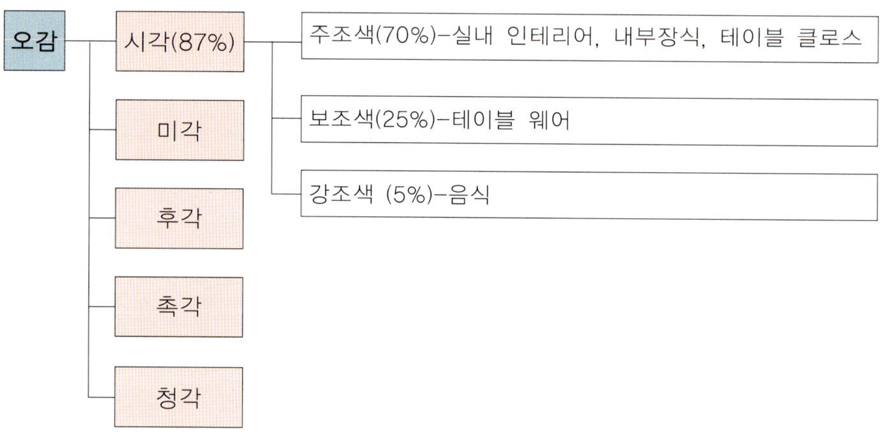

식욕에 영향을 주는 요소

위 그림은 우리의 식욕에 영향을 주는 정보의 비율을 나타내는 것이다. 다섯 가지 감각을 통해 얻는 정보 중에서 가장 많이 차지하는 요소는 시각으로부터 얻는 정보이다. 이러한 정보는 실내 인테리어와 내부 장식, 테이블클로스가 70%를 차지하며, 그 나머지를 식기와 음식이 차지한다. 즉, 식공간에서 시각적인 효과에 영향을 주는 비율은 음식이 5%의 면적을 차지하고 있지만 음식이 담긴 그릇은 25%를 차지한다. 그러므로 그릇 담기와 배치는 음식의 조리만큼이나 중요하다.

음식을 그릇에 담고 멋있게 표현하기 위해서는 기본 구도를 알고 그것을 응용하여 맛뿐만 아니라 시각, 후각, 청각 등 오감을 충족시켜 주어야 한다.

그릇 위에 놓여진 완성된 음식의 외형을 결정하는 요소에는 음식의 크기, 모양, 색이 있다. 이들 요소의 특성을 잘 이해하여 음식을 담을 때 반영하도록 한다.

음식의 크기	음식의 형태	음식의 색
음식 자체의 적정 크기	전체적인 조화	식재료 고유의 색
그릇 크기와의 조화	식재료의 미적 형태	전체적인 색의 조화
1인 섭취량 및 경제성	특성을 살린 모양	식욕을 돋우는 색

완성된 음식의 외형(appearance)을 결정하는 요소

주조 · 보조 · 강조색

주조색

일반적으로 전체적인 분위기를 결정하는 색으로 가장 많이 쓰이는 색을 말한다. 스타일링을 할 때 내가 원하는 분위기에 따라 구체적인 색을 먼저 정하는 작업이 필요한데 이때 주된 분위기를 이끄는 색을 주조색이라고 한다. 전체를 100%라고 하면 주조색은 거의 70% 정도 쓰인다. 푸드 스타일링을 할 때 테이블클로스가 이에 해당한다.

보조색

주조색 다음으로 넓은 공간을 차지하는 색으로 보조요소들은 배합색으로 취급해야 한다. 통일감이 있는 보조색은 변화를 주는 역할을 담당하고 25% 정도 쓰인다. 푸드 스타일링을 할 때 접시나 뒤에 놓이는 소품 등이 이에 속한다.

강조색

대상에 악센트를 주어 신선한 느낌을 만드는 강조 역할을 한다. 주조색, 보조색과 비교하여 색상을 대비되게 사용하거나 명도나 채도에 의해 변화를 주는 방법을 선택하여 색의 분량은 전체의 5% 정도로 활용한다. 푸드 스타일링을 할 때에는 음식, 커틀러리, 냅킨 등이 이에 속하며 전체 이미지를 변화시키는 데 있어 손쉽게 활용할 수 있다.

주조색 초록

보조색 하양

강조색 주황

전체적인 느낌은 초록이다.

배경, 소품, 음식에서 초록이 주조색임을 알 수 있고 그릇의 하양이 그 다음으로 쓰인 보조색이며 요리의 재료인 새우의 주황이 강조색으로 쓰였다.

주조색 파랑

보조색 하양

강조색 노랑

가장 크게 느낄 수 있는 색은 파랑으로 이 이미지의 주조색을 이룬다. 바탕과 벽, 접시는 같은 파랑에서 명도의 차이만을 준 것이다. 접시 중 큰 접시는 하양으로 보조색을 이루었고 음식의 노랑은 강조색을 이루었다.

주조색 빨강

보조색 하양

강조색 초록

이 이미지는 눈에 띄게 빨강이 주조색으로 보인다. 하양의 접시는 보조색이다. 접시 위에 파는 빨강과 반대색상인 초록으로 장식 효과를 주면서 강조 역할을 하고 있다.

배색의 종류와 조화

색을 사용할 때 한 가지만 사용하는 경우도 있지만, 이는 극히 드문 일이다. 색은 자연스럽게 2가지 이상이 어우러지게 된다. 이렇게 2가지 이상의 색을 쓰는 것을 우리는 '배색한다' 라고 표현한다.
많은 사람들이 처음에 색을 쓸 때 색을 쓰는 것에 대해서 두려움을 느낀다. 그 이유는 두 가지 이상의 색을 '미적으로' 사용해야 한다는 부담감 때문일 것이다. 여기서는 여러 가지 배색의 종류와 조화를 알아봄으로써 스타일링을 할 때 자유로운 연출이 가능하게 하고자 한다.
색의 배색에는 식재료들에 대한 색의 조화를 뜻할 뿐 아니라 배경이나 소품, 그릇 등에 대한 색의 조화도 포함한다.

배색의 종류

동일색상 배색 Monochromatic Color Hamony

동일한 색상의 범위에서 명도와 채도를 달리하여 배색하는 방법이다. 맑은 톤(Pale tone)의 파랑과 연한 톤(Very pale tone)의 파랑을 배색하면 파랑의 동일색상 배색이 된다. 배색할 때 서로 비슷한 색조로 정리하면 정리된 느낌이며 색조의 차이를 크게 두면 강한 느낌이 난다. 동일색상 배색에서는 한 가지 색상만을 사용하므로 비교적 안정적인 느낌이 든다.

동일색상 배색의 예

유사색상 배색 Analogous Color Hamony

색상환에서 바로 옆에 있는 색상끼리 배색하는 방법이다. 빨강을 유사색상과 배색하려면 주황이나 자주와 함께 배색하면 된다. 유사색상끼리는 서로 공통되는 느낌을 가지고 있기 때문에 안정적인 느낌을 얻을 수 있다. 그러나 서로 이웃한 색의 차이가 너무 작을 경우에는 오히려 조화롭지 못한 배색이 되기도 하므로 주의해야 한다.

유사색상 배색의 예

반대색상 배색 Complementary Color Hamony

색상환에서 보색 관계에 있는 색으로 배색하는 방법이다. 이미지와의 차이가 큰 색상끼리 배색하는 것이므로 유사색상 배색보다 강한 느낌을 가진다. 빨강과 파랑의 배색, 노랑과 보라의 배색이 모두 여기에 속한다.

반대색상 배색의 예

동일색조 배색 Monochromatic Tone Hamony

동일색조 배색의 예

같은 색조로 정리하여 배색하는 방법이다. 빨강, 파랑, 노랑을 모두 은은한 톤(Light tone)으로 정리하여 배색하면 동일색조 배색이 된다. 동일색조로 통일하여 배색하려면 어느 정도 색상 차가 있는 색들로 구성하는 것이 쉽다. 어떤 색조로 정리하느냐에 따라 느낌의 차이가 크게 나는데, 중채도, 고명도의 색조로 정리하면 밝고 은은한 느낌이며, 선명한 톤(Vivid tone)이나 밝은 톤(Bright tone)으로 정리하면 명랑하고 경쾌한 느낌을 준다.

유사색조 배색 Analogous Tone Hamony

색조표에서 서로 가까운 위치에 있는 색조끼리 배색하는 방법이다. 선명한 톤(Vivid tone)과 강한 톤(Strong tone)을 배색하면 유사색조 배색이 된다. 동일색조 배색과 비슷하지만 조금 더 변화감이 느껴진다. 색조에서 유사, 반대의 관계는 무채색의 범위까지 포함시킨 개념이다. 즉, 연한 톤(Very pale tone)은 하양과 유사색조 관계이며 어두운 톤(Dark tone)은 검정과 유사한 관계이다.

유사색조 배색의 예

반대색조 배색 Complementary Tone Hamony

색조표에서 서로 먼 위치에 있는 색조끼리 배색하는 방법이다. 맑은 톤(Pale tone)과 진한 톤(Deep tone)을 배색하면 반대색조 배색이 된다. 명도와 채도의 차이가 큰 색조를 배색하면 대비가 심해 느낌이 강하게 느껴지는 힘있는 배색을 얻을 수 있다.

반대색조 배색의 예

다양한 배색의 조화

연속효과에 의한 배색 Gradation

색과 색끼리의 배열 방법을 주제로 하는 리듬감 있는 배색방법이다. 일정한 규칙성을 가지고 점진적으로 변화하는 모습이 나타나도록 색을 배열한다. 색상, 명도, 채도, 색조에서 다른 느낌의 그라데이션 배색을 할 수 있다.

배경을 그라데이션으로 칠한 나무판을 이용할 수도 있으며 음식, 접시, 배경을 색상이나 명도 그라데이션으로 스타일링할 수도 있다.

연속효과에 의한 배색

분리효과에 의한 배색 Separation

분리효과에 의한 배색

세퍼레이션은 '분리시키다'라는 뜻이다. 색과 색 사이를 분리시키는 색을 넣어줌으로써 강약이 느껴지는 배색을 만들 수 있다. 구분이 잘 안되는 모호한 배색에 힘을 실어주거나, 두 색의 대비가 너무 강할 때 완충효과를 주기 위해 사용된다.
같은 색의 그릇을 놓을 때 가운데에 다른 색의 그릇을 이용하여 분리효과에 의한 배색을 하면 재미를 느낄 수 있다. 또한 접시도 배경도 강한 색을 선택했을 때에는 냅킨이나 종이를 고채도의 색을 이용하여 분리효과를 줄 수 있다.

반복효과에 의한 배색 Repetition

일정한 패턴으로 반복 배열하는 배색방법이다. 2가지 색 이상으로 구성된 배색을 하나의 단위로 하여 계속 반복한다. 반복효과에 의한 배색은 명쾌하고 재미있는 느낌으로 일상생활에서 자주 사용된다.

반복효과에 의한 배색

강조효과에 의한 배색 Accent

강조효과에 의한 배색

악센트가 되는 색을 첨가해서 단조롭지 않도록 배색을 구성하는 방법이다. 강조색은 그 스스로 이목을 끄는 역할을 하므로 주변의 색과 색상이나 색조가 반대되는 경우가 많다. 밋밋하게 느껴지는 배색에 강조점을 주어 시선을 모을 수 있도록 선명한 빨강, 노랑 같은 원색이나 무채색이 강조색으로 쓰이는 경우가 많다. 음식 위에 올라간 가니시에서 많이 찾아볼 수 있다.

도미넌트 배색 Dominant

도미넌트란 '지배적인' 이라는 의미로 도미넌트 배색은 색이나 형태, 질감 등에 공통되는 조건을 통해서 통일감을 주는 배색을 말한다. 그릇의 질감이나 형태를 같게 하는 것으로 전체적인 통일감을 준다.

도미넌트 배색

톤 온 톤 배색 Tone on Tone

색상은 같게 하고 명도 차이를 크게 하는 배색하는 방법이다. 통일성을 유지하면서 극적인 효과를 가질 수 있어 일반적으로 많이 쓰인다.

톤 온 톤 배색

톤 인 톤 배색 Tone in Tone

유사색상의 배색과 같은 원리로 톤은 같고 색상을 조금씩 변화를 주는 배색방법을 말한다. 온화하고 부드러운 효과가 있다.

톤 인 톤 배색

토널 배색 Tonal

중명도 중채도의 색조로 다양한 색상을 사용할 수 있다. 안정되고 편안한 느낌을 가질 수 있다. 어른들을 위한 세팅이나 편안한 분위기를 원할 때 많이 쓰인다.

토널 배색

멀티컬러 배색 Multi-color

고채도의 다양한 색상으로 표현하는 배색방법이다. 적극적이고 활기차고 활동적인 느낌을 가져온다. 아이들 음식을 세팅할 때 많이 쓰인다.

멀티컬러 배색

효과적인 스타일링 기법

면적대비를 활용한다

면적과 위치에 따라 다른 이미지를 연출할 수 있다.
면적대비는 색채가 면적에 따라 다르게 느껴지는 차이를 의미한다. 즉 명도가 높은 색상은 그 면적을 작게 하고 명도가 낮은 색상은 그 면적을 크게 하며, 채도가 높은 색상은 그 면적을 작게 하고 채도가 낮은 색상은 그 면적을 크게 배분하는 것이 시각적으로 균형 있는 색면을 구성하는 방법이다. 큰 그릇을 이용할 때는 명도와 채도가 낮은 것을 사용하며 고명도 고채도의 소품을 이용하여 강조를 해준다. 전체적 분위기가 심심해 보일 때는 강한 컬러의 커틀러리나 냅킨을 이용하여 재미를 줄 수도 있다.

면적대비 이용의 예

강조색을 이용한다

강조색은 강렬하고 작게, 주조색이나 보조색은 약하고 크게 연출한다. 강조색은 스타일링의 5%만을 차지하기 때문에 작은 연출로도 이미지 표현이 용이하다. 예를 들어 맑고 연한 색으로 스타일링을 했을 경우 강한색으로 강조를 해줄 수 있고 또한 어두운 톤으로 스타일링을 했을 때는 밝은 색의 가니시를 이용해서 연출할 수 있다.

강조색 이용의 예

배색이 어렵거나 애매모호할 때에는 유사색을 이용한다

안전한 배색이 어려울 때는 유사색상, 유사색조 배색을 활용하면 쉬우면서 산뜻하다. 또한 하양을 이용하여 연출하면 부드럽고 안전한 스타일링을 할 수 있다. 음식에 색이 많이 첨가되었거나 여러 개가 놓일 경우에는 하양 그릇을 사용하면 용이하다.

유사색 이용의 예

배색의 확장

색을 정하기가 어렵다면 우선 이미지에 맞는 기본이 되는 색을 정하고 그 색을 중심으로 유사색상이나 유사색조로 이미지에 맞는 색들을 선택해서 스타일링을 한다. 자연스럽고 안전한 스타일링을 할 수 있다. 레몬 스타일링의 경우에는 레몬의 기본색인 노란색을 기준으로 하양에서부터 노랑, 순색까지의 명도단계를 달리해서 연출하면 자연스럽다.

배색 확장의 예

너무 많은 색은 사용하지 않는다

한두 가지의 색을 부각시키고 톤은 통일시킨다. 어떤 이미지를 할 것인지 정했다면 배색 이미지 스케일을 생각하며 그 주위의 2~3가지 색만을 사용한다. 너무 많은 색을 사용하면 통일감도 없을 뿐 아니라 음식이 죽어 보일 수도 있다.

톤을 통일한 예

톤을 정돈하면 배색은 안정된다

많은 색을 사용하게 되었을 때는 사용하는 색의 톤을 정리한다. 같은 톤으로 스타일링을 하거나 맑은 톤(Pale tone)이나 은은한 톤(Light tone)으로 연출하면 부드러운 이미지를 가져올 수 있다.

색의 톤을 정리한 예

푸드 스타일리스트를 위한 체크리스트

아래 체크리스트를 이용하여 평가해 봄으로써 자신의 푸드 스타일리스트로서의 부족한 부분을 점검해 보자.

평가항목	세부항목	매우 그렇지 않다	그렇지 않다	그저 그렇다	그렇다	매우 그렇다
갖추어야 할 기본 자질	창조적이며 예술가적인 기질이 있는가?	1	2	3	4	5
	끈기와 참을성, 다른 사람들과 함께 할 수 있는 팀워크가 있는가?	1	2	3	4	5
	정리, 계획, 문제해결 능력이 있는가?	1	2	3	4	5
	리더십과 결단력이 있는가?	1	2	3	4	5
	요리 능력은 있는가?	1	2	3	4	5
	유머감각, 재치. 스트레스 해소 능력이 있는가?	1	2	3	4	5
	순발력이 뛰어나며 프로 근성이 있는가?	1	2	3	4	5
	건강한가?	1	2	3	4	5
갖추어야 할 지식 영역	전문요리학교나 관련 학위를 가지고 있는가?	1	2	3	4	5
	미술과 디자인에 대한 과목을 수료했는가?	1	2	3	4	5
	플라워, 테이블, 티 등의 과목을 수료했는가?	1	2	3	4	5
	마케팅, 비즈니스 분야의 과목을 수료했는가?	1	2	3	4	5
	제작과정에 대한 이해를 하고 있는가?	1	2	3	4	5
	어시스트, 식품회사, 잡지, 출판사, 홍보대행사, 프로덕션에 정식 직원으로 일한 경험이 있는가?	1	2	3	4	5
	호텔, 레스토랑 등에서 일한 경험이 있는가?	1	2	3	4	5

배색의 예

음료

Styling Point

청량감을 표현해야 하는 음료에는 절대적으로 파랑 계열의 밝은 톤(Bright tone)을 많이 사용한다. 그 이유는 시원한 느낌의 청량감을 파란 색상에서 느낄 수 있기 때문이다. 스타일링 관점에서 보면 음료의 색이 빨강, 노랑, 초록 계열이기 때문에 파랑의 배경을 사용해야 훨씬 더 입체감과 청량감 그리고 메인 음식을 잘 살리는 스타일링이 된다.

Styling Point

초록 계열의 음료를 제외한 2가지는 뒷배경의 빨강 계열로 인해 묻혀 보이고 색에서 느껴지는 맛은 달콤함만 느껴진다.

Note 스타일링이란 보는 사람에 따라 주관적일 수 있으므로 아래의 칸에 각자의 의견을 적어보자.

샐러드

Styling Point

일반적으로 가장 무난한 푸드 스타일링은 음식에 있는 같은 계열의 색상을 배경과 소품으로 사용하는 것인데 이 경우에는 음식 자체가 신선함을 연출해야 하는 샐러드이므로 반대 계열의 파란색이나 자연스러운 색을 사용하여 신선함을 강조하였다.

Styling Point

녹색 바탕을 이용하면 음식이 죽어 보이고 색이 겹쳐서 신선함을 떨어뜨리는 결과를 초래하게 된다.

Note

빵

Styling Point

대부분의 빵 색상은 갈색 계열로 고급스럽고, 멋있으며 내추럴한 분위기를 연출할 수 있다. 이 스타일링은 전체적으로 갈색 계열의 색깔과 회색을 이용하여 빵의 고급스러움을 강조해 주었다.

Styling Point

이 스타일링은 강조색으로 연두를 이용하여 변화를 주었지만 고급스러운 느낌을 주지 못하는 단점이 있다.

Note

아이스크림

Styling Point

아이스크림 스타일링은 아이스크림이 녹지 않도록 신속하게 연출해야 한다. 미리 세팅을 한후에 찍기 전에 아이스크림을 바로 떠서 찍도록 한다. 이 스타일링은 고급스러운 아이스크림 연출을 위하여 보라의 짙은 톤(Deep tone)을 사용하였다. 어두운 배경에 의해 아이스크림이 더욱 돋보인다.

Styling Point

위 스타일링과 같은 재료와 그릇이지만 바탕의 색에 의해 다른 느낌을 받는다. 같은 진한 톤(Deep tone)이라 하더라도 배경색을 아이스크림과 유사하게 사용하면 음식이 죽어 보인다.

Note

초콜릿

Styling Point

초콜릿의 달콤하고 부드러움을 강조하기 위해 빨간색 계열의 실크 배경천을 주조색으로 사용하고 물결 모양으로 연출하여 곡선미가 있는 부드러움을 연출하였다. 여러 개의 초콜릿 중 한 개의 초콜릿을 맨 앞에 놓고 클로스업(close-up)하여 강조를 하였다.

Styling Point

위와 같은 재료의 초콜릿과 바탕이지만 금색의 바탕이 초콜릿의 케이스와 비슷하여 주조색과 보조색의 구별이 없어 초콜릿을 잘 살리지 못하고 있으며 어울리지 않은 소품으로 인해 복잡해 보인다.

Note

케이크

Styling Point

케이크하면 크리스마스가 연상된다. 크리스마스 분위기가 나도록 슈가 파우더를 사용하여 케이크 위에 뿌려주었다. 어두운 톤(Dark tone)의 배경이 한층 고급스러움을 나타내고는 있으나 케이크 위에 강조색으로 가니시를 했으면 하는 아쉬움이 남는다.

Styling Point

소품이 많을 때에는 클로스업(close-up)으로 촬영을 하는 것이 효과적이다. 주위가 산만하고 바탕의 무늬로 인해 메인 음식을 살리지 못했다.

Note

쿠키

Styling Point

쿠키를 스타일링할 때에는 케이스에 넣어 연출하는 것보다 노끈을 이용하여 자연스럽게 묶어 연출하는 것이 효과적이다. 쿠키의 달콤하고 부드러움을 표현하기 위해 밝은 톤(Bright tone)이나 맑은 톤(Pale tone)을 이용했다. 전체적으로 파랑을 주조색으로 써서 통일감을 주었다. 앞의 쿠키 부스러기가 자연스러움을 더해준다.

Styling Point

연한 베이지색에 자연스러운 나무결무늬의 바탕을 사용한 스타일링은 훌륭하나 메인 음식인 쿠키가 돋보이지 못해 아쉽다.

Note

차

Styling Point

주제가 중국 차인 만큼 전체적으로 중국 느낌이 살 수 있는 소품을 이용하여 세팅하고 나무짚 느낌의 배경을 사용해서 내추럴한 느낌을 주었다. 차의 따뜻함을 표현할 수 있도록 갈색 계열의 탁한 톤(Grayish tone)을 이용하여 온화한 느낌을 주었다.

Styling Point

느낌은 나름대로 좋으나 전체적인 비율로 보았을 때 차의 부분이 너무 작다. 바닥에 있는 한글 무늬 패턴이 중국 차와는 어울리지 않아 전체적인 분위기가 혼란스럽다.

Note

스무디

Styling Point

이 음식은 라즈베리 스무디로서 시원함과 라즈베리의 강렬함을 살리는 것이 포인트이다. 이 스타일링은 밝은 톤(Bright tone)을 배경으로 노랑의 꽃잎을 붙여 빨강의 스무디를 더욱 돋보이게 하였다.

Styling Point

배경색과 바탕색이 조화롭지 못하고 녹색의 바탕이 시원함을 주기보다는 약간의 쓴맛을 느끼게 한다.

Note

커피

Styling Point

커피의 깊고 진한 맛을 연출하기 위해 주변을 커피밀과 커피빈으로 스타일링하였다. 서양에서 온 기호식품이기 때문에 같은 갈색 계열의 외국 신문지나 인쇄지를 사용하였으며, 우유 거품과 시나몬 파우더로 장식한 카푸치노를 가운데에 배치하였다. 휴식의 느낌이 있는 커피이므로 은은한 톤(Light tone)과 탁한 톤(Grayish tone)의 갈색 계열을 사용하여 따뜻하고 온화함을 표현하였다.

Styling Point

커피의 깊고 진한 맛보다는 조금은 가볍게 느껴지며 카푸치노의 생명인 우유 거품이 뒷배경에 뭉쳐 보이므로 효과적인 스타일링으로 보기 힘들다.

Note

야채

Styling Point

야채의 신선함과 다양한 색을 표현하기 위해 배경은 단색을 사용하여 주인공인 야채를 돋보이게 했고 맑은 톤(Pale tone)을 이용하여 맑고 신선함을 연출하였다. 바탕을 그라데이션으로 처리하여 단조로움을 피했다.

Styling Point

빨간 체크무늬가 귀엽고 산뜻함을 표현할 수도 있지만 혼란스럽게 보여 집중감을 떨어뜨린다.

Note

허브

Styling Point

허브의 신선함과 다양함을 강조하기 위해 하양 배경에 녹색을 사용하여 연출하였다. 하양을 배경으로 하면 하양의 성격상 맑고 깨끗함을 느낄 수 있고 또한 원재료의 고유색을 그대로 표현할 수 있어 가장 많이 사용된다.

Styling Point

주조색의 연두와 강조색인 초록을 연결시키는 보조색을 선택할 때는 맑은 톤(Pale tone)이나 연한 톤(Very pale tone)의 밝은 톤이 좋다. 연두와 초록의 유사색상 배색에서는 어두운 색은 적합하지 않다.

Note

생선

Styling Point

등푸른 생선임을 강조하기 위해 흰 소금을 깔고, 신선함을 강조하기 위해 밝은 톤(Bright tone)의 파랑을 써서 깨끗한 느낌을 연출했다.

Styling Point

파랑을 써서 신선함을 강조하였지만, 강한 톤(Strong tone)의 베다가 신선함을 떨어뜨리는 결과를 초래했다.

Note

닭고기

Styling Point

닭을 오븐에서 구워 낸 요리로 막 구워낸 듯한 느낌을 주기 위해 냄비에 직접 스타일링을 하였다. 내추럴한 느낌을 위해 갈색 계열로 탁한 톤(Grayish tone)을 사용하였다. 낡은 냅킨이 내추럴하고 자연스러운 멋을 더해준다.

Styling Point

위와 같은 재료와 같은 바탕이지만 냅킨이 선명한 톤(Vivid tone)의 노랑, 연두이므로 내추럴한 느낌이 덜하다.

Note

쇠고기

Styling Point

스테이크는 서양의 대표적인 고급요리로 알려져 왔기 때문에 고급스러운 이미지로 많이 스타일링된다. 소품도 고풍스럽거나 진한 톤(Deep tone)을 쓰면 잘 어울린다. 스테이크의 색이 갈색임을 염두에 두고 접시는 밝은 것을 쓰는 것이 효과적이다.

Styling Point

이 스타일링은 깔끔하고 접시 두 개를 겹쳐 재미를 준 것은 좋으나 연한 갈색의 접시가 스테이크의 색과 겹쳐 식감이 떨어진다.

Note

한국요리

Styling Point

쇠머리 찰떡으로 밤, 콩, 대추 등 다양한 재료와 색이 들어간 음식으로 배경과 소품 사용에 있어서 간단하고 무늬와 패턴이 거의 없는 것을 사용해야 한다. 이 스타일링은 떡의 재료와 유사색들을 사용하여 전체적으로 통일감을 주었으며, 심심할 수 있었던 배경을 두 가지 색조로 연출하되 동일색상을 이용하여 정리된 느낌을 준다.

Styling Point

파란색 배경이 음식을 차갑게 느껴지게 하여 떡의 스타일링으로는 적합하지 않다. 또한 하양의 그릇이 떡을 돋보이지 못하게 하고 있다.

Note

일본요리

Styling Point

일식 스타일의 냉소바로 전체적인 이미지 연출에서 두 이미지가 비슷하나 주조·보조·강조색으로 나누어 보면 주조색과 강조색이 같은 빨강인 것이 음식을 더욱 돋보이게 한다. 또한 일식요리이므로 일본풍의 배경을 사용하는 것이 더욱 효과적이다.

Styling Point

전체적으로 무난하나 메밀국수와 나무바닥이 조금 어색하며 간장이 주인공은 아니지만 간장색이 바닥과 겹쳐서 간장이 잘 보이지 않는 단점이 있다.

Note

중국요리

Styling Point

푸드 스타일링에서 가장 중요한 것은 메인 음식을 얼마나 잘 살려주는가이다. 이왕이면 먹음직스럽고 보기에도 좋아야 하며 주변 소품과 시각적으로 조화롭게 어울려야 한다. 이 스타일링은 메인 음식인 딤섬을 먹음직스럽고 잘 돋보일 수 있도록 어두운 색의 접시를 사용했으며 전체적으로 진한 톤(Deep tone)의 배경을 써서 고급스러움을 표현했다.

Styling Point

같은 음식과 배경으로 스타일링을 하였으나 접시를 밝은 색을 써서 음식을 잘 살리지 못하는 스타일링이 되었다.

Note

스파이스

Styling Point

여러 종류의 음식이나 재료를 스타일링할 때는 복잡한 패턴의 배경을 사용해서는 메인 음식이 돋보이지 않으므로 규칙적인 패턴으로 스타일링을 하면 효과적이다.

Styling Point

그릇도 여러 개이면서 배경도 복잡한 무늬의 천을 깔아 어수선한 느낌이 든다. 놋그릇이므로 짙은 톤(Deep tone)이나 어두운 톤(Dark tone)을 이용하면 더 어울린다.

Note

우유

Styling Point

우유의 신선함을 위해 파랑 계열의 반투명한 플라스틱 접시를 사용했으며 담긴 우유로 만든 요구르트를 내추럴한 나무그릇에 담아 천연의 느낌을 살려주었고 배경을 그라데이션 처리한 나무를 써서 단조로움을 피했다.

Styling Point

내추럴한 느낌이 나는 탁한 톤(Grayish tone)의 갈색 계열로 배경과 소품을 사용하여 자연스럽고 부드러움을 표현하였지만 우유의 신선함을 강조하기에는 부족하다.

Note

수프

Styling Point

감자 수프. 따뜻한 음식이므로 난색 계열의 그릇과 소품을 사용하였고 맑은 톤(Pale tone)의 노란 수프색을 살리기 위해 진한 톤(Strong tone)의 초록 계열의 그릇을 사용하였다.

Styling Point

같은 바탕에 같은 소품을 이용하였지만 그릇색이 수프와 동일색상으로 사용하여 음식을 살릴 수 없음을 보여주는 예이다.

Note

누들

Styling Point

다양한 누들을 톱 앵글(top angle)로 찍어 스타일링한 것으로 여러 가지 누들을 보여줘야 하기 때문에 배경은 깨끗한 것을 사용하는 것이 좋다. 누들의 색이 밝기 때문에 어두운 톤(Dark tone)의 바탕을 이용하고 글씨가 들어갈 자리를 염두에 두고 오른쪽을 비워 놓았다.

Styling Point

이 스타일링은 배경에 기하무늬가 있어 글씨를 앉히면 복잡하여 주제가 살지 못하는 단점이 있다.

Note

파스타

Styling Point

생크림으로 만든 하양 소스를 잘 나타내기 위해 빨간 접시를 사용하였다. 주조색은 빨강을 쓰고 파스타의 새우와 접시 커틀러리, 배경색은 톤의 변화만을 주어 스타일링하고 허브를 올려서 강조하였다.

Styling Point

같은 배경과 소품을 사용하였다. 이 스타일링에서는 주조색이 하양이며 위의 것에 비해 상대적으로 시감이 떨어지고 음식이 강조되지 못했다.

Note

피자

Styling Point

피자는 여러 가지 재료를 토핑해서 만들기 때문에 대부분 화려하고 먹음직스럽다. 그래서 이미지 연출 시 배경이나 소품은 되도록 간단하게 사용하는 것이 좋다. 이 스타일링은 그런 관점에서 봤을 때 자연스럽고 깨끗하게 연출되었으나 피자판이 조금 어두웠으면 하는 아쉬움이 있다.

Styling Point

이 스타일링은 바닥의 천을 피자의 재료에 있는 같은 색의 체크 무늬를 사용하여 매우 혼란스러워 보인다. 천의 색으로 인해 피자 재료가 죽어 보인다.

Note

햄버거

Styling Point

우선 햄버거를 먹음직스럽게 표현하고 햄버거의 크기에 맞는 소품을 적절히 선택해야 한다. 햄버거에 많은 색이 들어가므로 배경이나 소품은 단순한 것이 효과적이다. 단색의 큰 접시를 이용한 것이 햄버거를 더욱 살려준다.

Styling Point

귀여운 이미지 연출이긴 하지만 바탕 무늬가 혼란스러워 메인 음식에 집중하지 못하는 단점이 있다.

Note

과일

Styling Point

음식에 색이 많이 들어간 경우 그릇, 소품, 배경 중에 2가지 정도는 간단하게 연출하는 것이 안정감 있고 메인 음식을 돋보이게 한다. 이 스타일링은 그런 면에서 보면 메인 음식이 돋보이는 좋은 연출이다. 그러나 스타일링에는 정답이 없다. 경우에 따라 많이 달라지게 되는데, 이 이미지가 집중도를 요구하는 광고나 메뉴판에 적합하다면, 아래의 이미지는 자연스러운 연출이 필요한 잡지에 적합하다고 할 수 있다.

Styling Point

이 이미지는 상큼하고 신선한 느낌을 주지만 배경의 무늬가 복잡하여 메인 음식이 묻혀 보인다.

Note

버섯

Styling Point

버섯의 자연 그대로의 색을 살려 깊고 진한 흙빛에 진한 톤(Deep tone)의 배경을 사용하고 배경의 질감이 버섯의 풍미와 외향을 더욱 잘 나타나도록 스타일링하였다.

Styling Point

배경색에서 느껴지는 달콤한 맛 때문에 버섯 고유의 풍미와 향을 느낄 수 없고 단순한 화사함만이 있다.

Note

치즈

Styling Point

여러 종류의 치즈 스타일링. 치즈를 스타일링할 때에는 어두운 톤(Dark tone)이나 칙칙한 톤(Dull tone)을 이용하여 깊고 그윽한 치즈의 맛을 연상시키게 하는 것이 효과적이다. 또한 치즈의 색이 밝기 때문에 배경이 어두웠을 때 더욱 집중되는 효과가 있다.

Styling Point

배경색이 밝고 치즈색과 비슷하다 보니 치즈의 색이 주조색이 되어 집중도가 떨어져 보인다.

Note

와인

Styling Point

메인 음식인 와인을 중심으로 전체적인 분위기를 빨간색의 실크로 연출한 것이 더욱 고급스러워 보인다. 카메라 앵글도 낮게 잡아 잔에 담겨 있는 와인도 잘 보이고 와인잔의 실루엣도 잘 보이게 하는 효과적인 스타일링을 하였다.

Styling Point

바탕색을 밝게 함으로써 와인은 돋보일지 모르겠으나 카메라 앵글이 조금 낮아져서 와인잔에 담긴 와인이 덜 보이는 아쉬움이 있다.

Note

해산물

Styling Point

해산물 샐러드. 신선함을 연출하기 위해 유리볼에 담고 바닥의 느낌은 에메랄드빛 바다로 연출하였다. 해산물의 느낌을 주기 위해 뒷배경 소품을 조개껍질로 연출하였다.

Styling Point

보기에는 화려하고 이쁘지만 산만한 느낌이 들며 중요한 메인 음식이 강조되지 못해 아쉬운 스타일링이다.

Note

한국음식의 배색

한국의 음식은 음양오행의 원리를 반영한 한방의학을 기초로 하였다. 맛과 색상에서도 오감(五感)을 만족시키는 시각, 청각, 후각, 촉각, 미각이 어우러진 것이 특징이다. 미각에서는 맵고(辛), 달고(甘), 시고(酸), 짜고(鹹), 쓴(苦) 오미(五味)를, 시각에서는 오색(五色)을 오행의 원리로 조화시켰다. 궁중음식은 색상이 화려하다. 또 사계절의 구분이 뚜렷하고 지역적으로 기후의 차이가 있어 각 지방마다 다양한 산물이 생산되기 때문에 그 지역의 특성을 살린 음식들이 고루 발달하였다. 음식의 맛과 색상에서도 지역에 따라 차이를 보이는데, 경기도의 음식은 궁중음식의 영향을 받아 색상이 가장 화려하고, 북부 지방의 음식은 수수하며 맛이 담백한 특징이 있다. 그리고 모든 음식을 동시에 차려 놓고 먹는 공간 전개형의 식사로서 식탁에 차려진 음식에서 한눈에 색의 조화를 볼 수 있다.

전통음식의 스타일링

김치

배추를 소금에 절인 저(菹)에 파, 마늘, 고추, 젓갈을 넣고 버무려서 숙성시켜 발효시킨 것을 김치라고 한다. 배추는 백채(白菜)라 부르며, 배추를 주재료로 하는 김치는 하양이 기조색이다. 무도 하양 계통이다. 배춧잎과 파잎은 푸른색, 배춧속잎과 생강, 마늘은 황색이고, 고춧가루는 붉은색이다. 젓갈이나 청각은 검정이며, 김칫독도 검정이다. 그러므로 김치는 오방색(五方色)을 나타내며, 오미(五味)를 갖추고 있다. 김치 국물 색깔도 동치미는 하양, 나박김치는 빨강, 장김치는 검정, 갓김치는 보라이다. 동치미의 국물은 하양이지만 붉은고추, 푸른고추, 희고 푸른 파, 하얀 무, 노란 생강, 검은 청각 등 오색이다. 이같이 김치는 오행의 색깔이 모두 들어 있다.

비빔밥

흰 쌀밥에 봄에는 푸른색 나물을 무칠 때에도 식초를 넣어 신맛이 나게 하고, 여름에는 붉은색을 택하여 쓴맛이 나도록 하고, 가을에는 하양으로 매운맛을 나게 하며, 겨울에는 검정으로 짠맛이 나도록 요리한다. 계절에 따른 이같은 식품재료의 선택은 절식문화(節食文化)를 만드는 요인이 되었다. 비빔밥은 정월 대보름의 절식이다. 제상에 올렸던 음식을 제사가 끝난 다음 자손들이 모여서 여러 색깔의 갖은 나물, 적 등을 함께 섞어 비벼 먹는 데서 나온 것이다.

구절판

구절판은 원래 그릇의 이름이고, 구절판에 담는 음식의 이름은 밀쌈이다. 밀전병에 채소, 쇠고기, 버섯, 달걀지단 등을 넣어 싸서 먹는 밀쌈인데 아홉칸으로 나누어진 그릇에 담으므로 붙여진 이름이다. 밀전병의 하양, 쇠고기의 갈색, 오이의 녹색, 달걀 지단의 노란색, 하양, 당근의 붉은색, 표고의 갈색, 석이의 검정, 숙주의 하양 등 9가지 색이다. 밀전병을 얇게 부쳐서 채소를 넣고 쌓아 밀전병에 들어 있는 푸르고 붉고 노랗고 희고 검은 색이 비쳐야만 잘 된 밀전병이다. 구절판의 9는 숫자를 말하는 것이 아니라 모두를 갖추었다는 '완전제합(完全齊合)'의 의미이다.

신선로

궁중음식의 일종으로 갖은 재료와 정성을 다해 만든 귀한 음식이다. 화통이 가운데 있어 그 속에 숯불을 넣고, 그릇 가장자리에 오행의 원리를 이용해 채소, 고기 등 많은 재료를 돌려 화려하게 담아 호도, 잣, 은행, 고명 등으로 맛과 멋, 색채를 표현했으며, 오감을 가장 잘 나타내주는 음식이다.

잡채

삶은 당면에 고기 볶은 것, 여러 채소와 버섯 볶은 것을 섞어서 양념한 것으로 한 가지 음식에 7가지 색이 들어 있다. 시금치의 푸른색, 달걀 지단의 노란색과 하양, 당근의 붉은색, 목이버섯의 검정, 양파의 하양, 쇠고기의 갈색, 당면의 하양, 잣의 하양으로 이루어져 있다. 같은 하양이라 해도 눈에 느끼는 하양에는 차이가 있다. 색색의 재료를 넣어 맛있게 버무린 잡채를 담고, 그 위에 또 하양, 노란 달걀 지단으로 고명을 얹고 잣을 뿌린다. 색의 조화, 재료와 양념은 잡채의 맛과 멋을 더 한층 살려준다.

경단

오색경단은 찹쌀가루를 익반죽하여 동그랗게 빚어서 끓는 물에 익혀 여러 가지 고물을 묻힌 떡이다. 경단의 고물은 콩고물, 팥고물, 깨고물, 파랫가루고물, 팥앙금가루고물, 녹두고물, 대추고물 등을 쓰고 고물의 종류에 따라 콩가루경단, 밤경단, 파래경단, 녹두경단, 대추경단, 계피경단, 실백경단 등으로 구별되며, 돌상이나 의례상에 자주 올려진다.

한과

한과의 색은 음양오행 사상에 근거한 오방색과 재료의 고유색으로 크게 나눌 수 있다. 오방색 위주의 한과 색채를 살펴보면 우리 민족이 즐겨 먹던 '오색강정'과 '오색다식'이 있다. 오색강정은 송화, 승검초, 오미자, 흑임자, 녹말이다. 이 색들은 적, 청, 황, 백, 흑으로 오방색을 나타내고 있다.

참고문헌

김경미 외, 푸드스타일링, 교문사, 2005
김현영 외, color color color, 예경출판사, 2003
도서출판국제, 컬러리스트, 도서출판국제, 2002
린다 홀츠슈에, 색채의 이해, 미술문화, 1999
박영순 외, 색채와 디자인, 교문사, 1998
박필채 외, 색채학입문, 형설출판사, 1999
배영희 외, 식품과 조리과학, 교문사, 2003
성기혁, 색즉시색 I, II 교학사, 2003
식공간연구회, 테이블&푸드코디네이트, 교문사, 2005
아이즈카리스코, 먹어서 약이 되는 음식, 아카데미북, 2003
유태종, 식품보감, 문운당, 1988
이근석 외, upgrade 색천지 상상력을 키우세요, 비비컴, 2002
이영은 외 한방식품재료학, 교문사, 2003
이유주, 푸드컬러와 디자인, 경춘사, 2005
일본시각디자인연구소, 색의 현장, 태학원, 1997
장명숙, 식품과 조리원리, 효일출판사, 1999
장희신, 식품가공과 조리기술, 세진사, 1999
정영도 외, 식품조리재료학, 지구문화사, 2004
정재훈 외, 한국의 덕, 형설출판사, 2002
하루요시 나구모, 시각표현, 도서출판국제, 2004
하야시 데루아키, 증상으로 찾아보는 건강식품, 사람과 책, 2000
한국색채연구소, 색채 1, 칼라뱅크 커뮤니케이션(주)
한국색채연구소, 색채 2, 칼라뱅크 커뮤니케이션(주)
한국조리연구학회, herb&salad, 1997

May Lambert, 색다른 색이야기, 나들목, 2003
IRI 색채연구소, 감성만족! 컬러마케팅, 영진닷컴, 2004
IRI 색채연구소, color combination, 영진닷컴, 2003~2005
Sutton Tina 외, The Complete color Harmony, Quayside Pub Group, 2004
Vicki L. Ingham, Color Schemes made easy, Meredith, 2004

그림출처

강원도 농업기술원, 강원의 맛, "김치", 2004

강원도 농업기술원, 강원의 맛, "떡", 2005

Foodandstyle, 웰빙샐러드, 효성출판사, 2004

Foodandstyle, 먹고 바르는 컬러푸드, 효성출판사, 2005

Sutton Tina 외, The Complete color Harmony, Quayside Pub Group, 2004

Delicious Agust 2004

Delicious April 2003

Delicious April 2004

Delicious December 2004

Delicious July 2003

Delicious March 2003

Delicious March 2005

Delicious May 2002

Delicious November 2005

Delicious October 2002

Delicious Semptember 2004

Donna Hay Issue 9

Donna Hay Issue 19

Donna Hay Issue 23

Elle March 2005

Elle May 2004

Elle May~June 2002
Gourmet April 2004
Gourmet August 2005
Gourmet Februry 2005
Gourmet October 2005
Gourmet September 2005
Living at Home 2003. 7
Living at Home 2003. 8
Living at Home 2003. 9
Living at Home 200. 2
Living at Home 2004. 6
Living at Home 2004. 9
Living at Home Extra 2002. 1
Martha Kids Spring 2003
Martha Stewart Agust 2004
Martha Stewart April 2005
Martha Stewart Februry 2003
Martha Stewart July 2002
Martha Stewart June 2003
Martha Stewart June 2005
Martha Stewart March 2005
Martha Stewart May 2002
Martha Stewart May 2005
Martha Stewart October 2003
Martha Stewart September 2002
Martha Stewart Wedding Fall 2005
Martha Stewart Winter 2006
Real Simple Agust 2005
Real Simple December 2003
Real Simple December 2004
Real Simple Februry 2005
Real Simple July 2004
Real Simple June 2004
Real Simple March 2005
Real Simple May 2005
Real Simple November 2003
Real Simple October 2003
Real Simple October 2005
Real Simple September 2005
Vogue July~Agust 2003
Vogue December 2005
Vogue Entertaining Cookbook

찾아보기 Index

ㅌ

ㅍ

ㅎ

영문

저자소개

김경미

경기대학교 대학원 외식조리학과(박사과정)

여주대학 가정계열 푸드 코디네이션 전공 겸임교수

김경임

고려대학교 대학원 식품생명공학 전공(이학박사)

현재 혜전대학 외식경영계열 푸드 스타일링 전공 교수

유현석

The Art Institute of Boston, Graphic Design 전공

경기대학교 관광전문대학원 식공간연출 전공(박사과정)

현재 La Recette(르세뜨) 실장

백석문화대학 외식산업부 푸드스타일링 전공 겸임교수

색채와 푸드 스타일링

초판 발행 2006년 3월 31일
2쇄 발행 2008년 8월 14일

지은이 김경미, 김경임, 유현석
발행인 류 제 동
발행처 ㈜교 문 사

책임교정 양계성
본문편집 유현석
표지디자인 유현석
제 작 김선형

주소 (우)413-756 경기도 파주시 교하읍 문발리
출판문화정보산업단지 536-2
전화 031)955-6111(代)
팩스 031)955-0955
등록 1960. 10. 28. 제 406-2006-000035호
홈페이지 www.kyomunsa.co.kr
E-mail webmaster@kyomunsa.co.kr
ISBN 89-363-0789-4

값 20,000원
*잘못된 책은 바꿔드립니다.